GUÍA DE TRABAJO A TIEMPO PARCIAL

Servicio de Estudios de la Confederación

Autoras

FERNANDEZ AGUILAR, VIRGINIA
Servicio de Estudios de la Confederación UGT

JORGE DELGADO, LAURA
Servicio de Estudios de la Confederación UGT

LABORDA IBÁÑEZ, MANUELA
Servicio de Estudios de la Confederación UGT

PONCE ÁVILA, MARÍA CONSTANZA
Servicio de Estudios de la Confederación UGT

RODRÍGUEZ ALONSO, MARINA
Servicio de Estudios de la Confederación UGT

SIMANCAS MÉNDEZ, ICÍAR
Servicio de Estudios de la Confederación UGT

Coordinación

LABORDA IBÁÑEZ, MANUELA
Servicio de Estudios de la Confederación UGT

Vicesecretaría General de Política Sindical
Secretaría de Recursos y Estudios

Colección **Guías**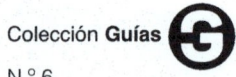
N.º 6

Coedita:
UGT
Ediciones Cinca, S.A.

1.ª edición:
octubre de 2025

Diseño:
Juan Vidaurre
Ediciones Cinca, S.A.

Producción editorial, maquetación e impresión:
Grupo Editorial Cinca
General Ibáñez Ibero, 5-A
28003 Madrid
Tel.: 91 553 22 72
Fax: 91 554 37 90
grupoeditorial@edicionescinca.com
www.edicionescinca.com

Depósito Legal: M-15316-2025
ISBN: 978-84-10167-63-6

ÍNDICE

PRESENTACIÓN

PRESENTACIÓN

El conocimiento profundo de la legislación laboral no es un mero ejercicio académico: es una herramienta imprescindible para una acción sindical eficaz. Solo desde el dominio del marco normativo podemos defender con rigor los derechos de las personas trabajadoras y anticipar los mecanismos de abuso o precarización que a menudo se esconden tras determinadas formas contractuales. En este sentido, el trabajo a tiempo parcial constituye uno de los ámbitos donde esa vigilancia sindical resulta más necesaria.

El contrato a tiempo parcial es, probablemente, una de las modalidades laborales que mayor precariedad encierra. En España, las cifras son elocuentes: la parcialidad afecta de forma desproporcionada a las mujeres, que representan casi tres cuartas partes de las personas contratadas bajo esta modalidad. Detrás de esos datos hay realidades de desigualdad estructural, de dificultades para conciliar la vida personal y laboral, y de una parcialidad que, en la mayoría de los casos, no es voluntaria, sino impuesta.

La acción sindical debe orientarse a corregir esta *parcialidad no deseada*, actuando en todos los frentes: en la negociación colectiva, en la interlocución institucional y también en los tribunales. Porque la reclamación judicial es, y debe seguir siendo, una pieza más de la acción sindical. Las denuncias por abusos en el uso de las horas complementarias, la detección de contratos fraudulentos que esconden relaciones laborales a tiempo completo o la exigencia del registro diario de jornada son ejemplos claros de cómo el conocimiento jurídico se convierte en una herramienta de transformación real.

Desde UGT venimos reclamando una **reforma profunda del contrato a tiempo parcial**, que garantice la **voluntariedad de la persona trabajadora**, elimine el fraude y dignifique esta modalidad contractual. Proponemos, entre otras medidas, que las **horas complementarias pasen a considerarse horas ex-**

traordinarias, con una retribución incrementada en un **25 % sobre su valor ordinario**, tal como nuestro sindicato ha defendido ante el **Comité Europeo de Derechos Sociales**. Porque solo así podremos reducir la precariedad que hoy se disfraza de flexibilidad y avanzar hacia un modelo laboral más justo, equilibrado y compatible con la igualdad de género.

Esta guía —elaborada por el **Servicio de Estudios de la Confederación**— representa una valiosa contribución a ese objetivo. Su contenido combina rigor técnico, análisis jurídico actualizado y una clara orientación práctica para la acción sindical cotidiana. Es una herramienta que fortalece el conocimiento colectivo y la capacidad de intervención del sindicato.

Quiero invitar especialmente a las **delegadas y delegados de UGT** a su lectura atenta. Este manual está pensado para ellos y ellas, que son la primera línea de defensa de los derechos laborales en los centros de trabajo. Conocer a fondo las reglas que rigen el contrato a tiempo parcial, sus límites y los abusos que lo rodean, es clave para poder actuar con eficacia, exigir el cumplimiento de la ley y reforzar la acción sindical en defensa de las personas trabajadoras.

Mi más sincera felicitación al **Servicio de Estudios de la Confederación** y, muy especialmente, a su coordinadora **Manuela Laborda**, por el trabajo riguroso, comprometido y útil que han desarrollado. Esta obra no solo amplía nuestro conocimiento: refuerza la acción sindical que día a día construye una sociedad más justa.

Fernando Luján de Frías
Vicesecretario General de Política Sindical
Unión General de Trabajadoras y Trabajadores (UGT)

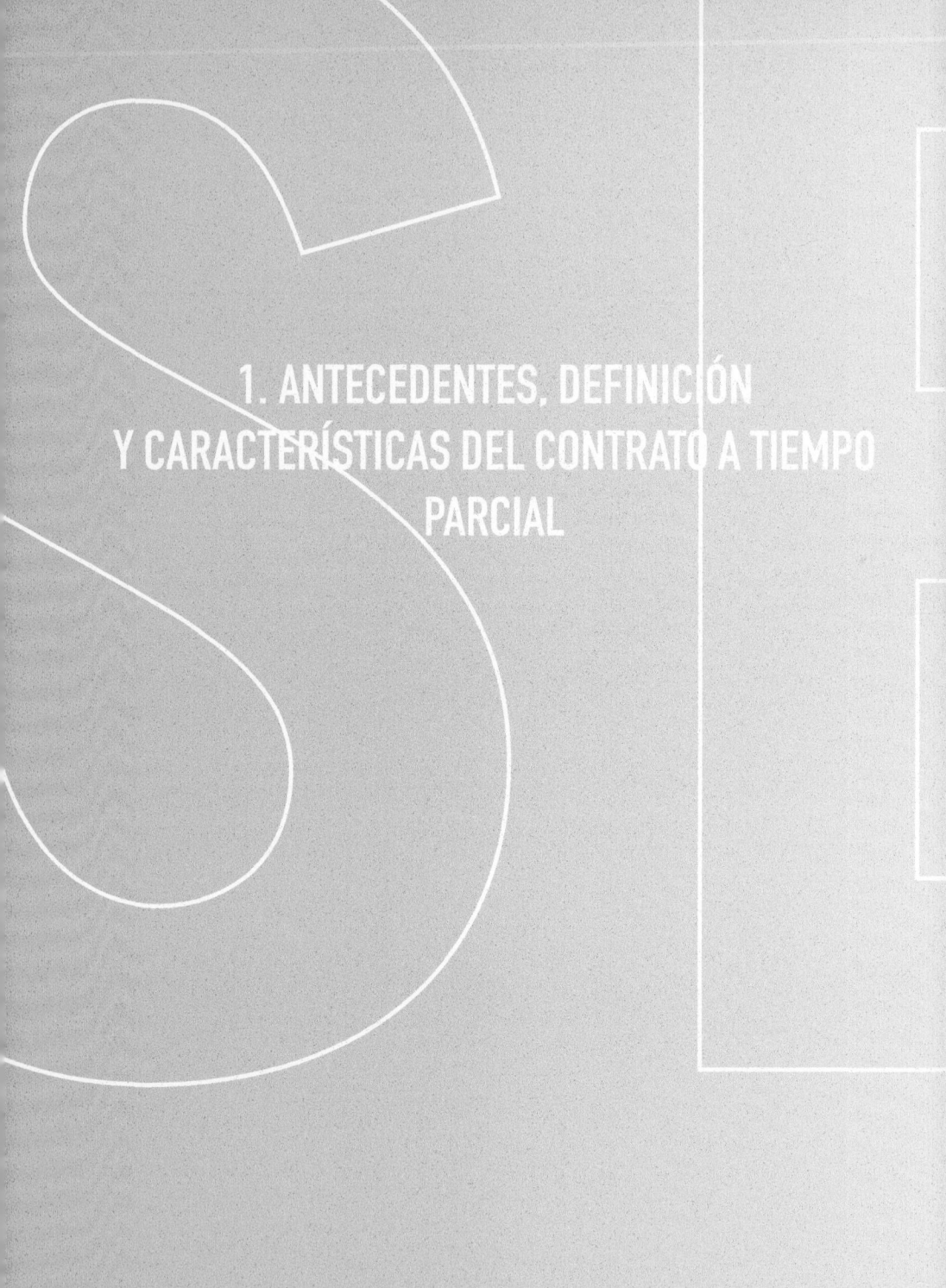

1. ANTECEDENTES, DEFINICIÓN Y CARACTERÍSTICAS DEL CONTRATO A TIEMPO PARCIAL

1. ANTECEDENTES, DEFINICIÓN Y CARACTERÍSTICAS DEL CONTRATO A TIEMPO PARCIAL

1.1. ANTECEDENTES

En nuestro país, el trabajo en régimen de jornada parcial siempre ha sido posible. Sin embargo, no fue hasta la regulación del art. 12 del Estatuto de los Trabajadores[1] (ET), en 1980, cuando se configuró como una modalidad contractual independiente, con una regulación propia y acorde a sus especificidades[2].

La evolución del contrato a tiempo parcial ha experimentado abundantes cambios que han dado lugar a diversos enfoques en su regulación, oscilando desde una perspectiva más restrictiva, hasta la incorporación de elementos que fomentan su flexibilidad[3].

A continuación, se muestra una síntesis de la evolución histórica de su regulación:

Ley 8/1980, de 10 de marzo, del Estatuto de los Trabajadores: primera regulación del contrato a tiempo parcial. En su art. 12 establecía que la prestación de servicios debía ser durante un determinado número de días al año, al mes o a la semana, o durante un determinado número de horas, respectivamente inferior a los 2/3 de los considerados como habituales en la actividad en un mismo periodo de tiempo. Asimismo, se indicaba que la cotización a la Seguridad Social se efectuaba a razón de las horas o días realmente trabajados.

---

[1] Ley 8/1980, de 10 de marzo, del Estatuto de los Trabajadores. BOE 14/03/1980, núm. 64.
[2] SEMPERE NAVARRO, A: «El nuevo contrato de trabajo a tiempo parcial (I): modalidades y contenido», *Revista Doctrinal Aranzadi Social*, n.º V.
[3] CASAS BAAMONDE, M.ª E: «Los contratos de trabajo a tiempo parcial: contrato a tiempo parcial, contrato fijo discontinuo y contrato de relevo». *Revista Española de Derecho del Trabajo*, n.º 100, Sección Estudios, Editorial: Civitas.

Ley 32/1984, de 2 de agosto, sobre modificación de determinados artículos de la Ley 8/1980, de 10 de marzo, del Estatuto de los Trabajadores[4]**:** se reconoce expresamente la modalidad de trabajo a tiempo parcial como parte del sistema laboral español. Su objetivo es «*normalizar*» y regular con mayor claridad el contrato a tiempo parcial, el cual adquirió una regulación más consolidada, y se incorporó de manera estable al marco jurídico laboral en España.

Ley 10/1994, de 19 de mayo, sobre medidas urgentes de fomento de la ocupación[5]**:** se lleva a cabo una redefinición del contrato a tiempo parcial, se elimina el límite temporal entre contrato ordinario y a tiempo parcial. Cualquier número de horas inferior al habitual, se considera trabajo a tiempo parcial.

Ley 63/1997, de 26 de diciembre, de medidas urgentes para la mejora del mercado de trabajo y el fomento de la contratación indefinida[6]**:** se reconoce de manera explícita la posible duración indefinida del contrato a tiempo parcial.

Real Decreto Ley 15/1998, de 27 de noviembre, de medidas urgentes para la mejora del mercado de trabajo en relación con el trabajo a tiempo parcial y el fomento de su estabilidad[7]**:** se lleva a cabo una reestructuración del art. 12 ET, para adaptarlo a la Directiva 97/81/CE del Consejo Europeo[8]. El objetivo de esta homologación a la normativa europea fue mejorar la calidad del trabajo a tiempo parcial, eliminando la discriminación propia de esta modalidad, así como fomentar el desarrollo de este tipo de trabajos como una opción voluntaria, atendiendo a las necesidades de organización tanto de las empresas como de las personas trabajadoras. Así, el sentir de los interlocutores sociales europeos con esta norma fue potenciar medidas para «*facilitar el acceso al trabajo a tiempo parcial con vistas a preparar la jubilación, compaginar la vida profesional y la vida familiar y aprovechar las posibilidades de educación y formación, a fin de mejorar sus*

---

[4] Ley 32/1984, de 2 de agosto, sobre modificación de determinados artículos de la Ley 8/1980, de 10 de marzo, del Estatuto de los Trabajadores. BOE 04/08/1984, núm. 186.

[5] Ley 10/1994, de 19 de mayo, sobre medidas urgentes de fomento de la ocupación. BOE 23/05/1994, núm. 122.

[6] Ley 63/1997, de 26 de diciembre, de medidas urgentes para la mejora del mercado de trabajo y el fomento de la contratación Indefinida. BOE 30/12/1997, núm. 312.

[7] Real Decreto Ley 15/1998, de 27 de noviembre, de medidas urgentes para la mejora del mercado de trabajo en relación con el trabajo a tiempo parcial y el fomento de su estabilidad. BOE 28/11/1998, núm. 285.

[8] Directiva 97/81/CE del Consejo, de 15 de diciembre de 1997, relativa al Acuerdo marco sobre el trabajo a tiempo parcial concluido por la Unice, el Ceep y la Ces. DOCE 20/01/1998, núm. 14.

Igualdad de derechos: las personas trabajadoras a tiempo parcial disfrutan de los mismos derechos que las personas trabajadoras a tiempo completo. Sin perjuicio de que en algunos casos sean aplicados de forma proporcional a la duración de su jornada laboral.

Horas complementarias: se puede acordar la realización de horas complementarias, que consisten en horas adicionales a las ordinarias pactadas en el contrato. Estas horas complementarias deberán pactarse expresamente por escrito y solo podrán ser acordadas si el contrato establece una jornada mínima de 10 horas semanales en cómputo anual.

En la práctica, para determinar la jornada parcial, se toma como referencia la jornada completa establecida en el convenio colectivo que resulte de aplicación:

Ejemplo en un convenio colectivo:

CAPÍTULO VI del **XXI Convenio General de la Industria Química,** *art. 42.1 sobre Duración de la jornada, expone: «Las personas trabajadoras afectadas por el XXI Convenio General de la Industria Química tendrán una jornada laboral máxima anual* **de 1.752 horas de trabajo efectivo en los años 2024 y 2025...».**

Por tanto, para este ejemplo que establece una jornada laboral anual máxima de 1.752 horas, distribución mensual y anual sería la siguiente:

Horas anuales: 1.752 h.	Horas anuales: 1.752 h. x 0,5 = 876 h.	Horas anuales: 1.752 h. x 0,25 = 438 h.
Horas mensuales: 1.752 h. / 12 meses = 146 h/mes.	Horas mensuales: 876 h. / 12 meses = 73 h/mes.	Horas mensuales: 438 h. / 12 meses= 36,5 h/mes.
Jornada completa	Jornada parcial (50% de la jornada completa)	Jornada parcial (25% de la jornada completa)

1.3. CONTRATO A TIEMPO PARCIAL VERTICAL Y HORIZONTAL

El rasgo diferencial de la jornada a tiempo parcial es que implica trabajar menos horas que una persona trabajadora a jornada completa equiparable. La principal manifestación de esta modalidad contractual radica en la pluralidad de referentes temporales —día, semana, mes, o meses, o año— que se pueden utilizar para llevar a cabo la determinación del tiempo de trabajo, dando lugar a la jornada parcial horizontal y jornada parcial vertical[17].

Jornada parcial horizontal: la persona trabajadora presta sus servicios durante todos los días laborales, pero con una jornada inferior a la jornada completa equiparable. Se trata de una distribución de jornada homogénea y regular que ofrece una mayor estabilidad para la persona trabajadora, planteando además una mejor previsibilidad de horarios e ingresos. La cotización se realiza por meses completos.

Jornada parcial vertical: la persona trabajadora presta sus servicios ciertos días, durante jornadas laborales completas o no, concentradas en determinados días laborales de la semana, mes o año. En esta modalidad de jornada parcial, el tiempo de trabajo se distribuye de manera irregular, su principal característica es la interrupción de la continuidad en el trabajo. La persona trabajadora presta sus servicios determinados días laborales, de forma dispersa o concentrada, e incluso, solo los días que no son laborales para las personas trabajadoras a tiempo completo. La cotización se realiza por meses completos.

> **STS núm. 165/2025, de 4 de marzo: plus de festivos.**
>
> El TS reconoce que las personas trabajadoras con contrato a tiempo parcial, en modalidad vertical, que presten sus servicios en sábados, domingos y festivos, tienen derecho a cobrar el plus de festivos y domingos previsto en su convenio colectivo de aplicación, salvo que exista una compensación adicional y especifica que justifique su exclusión: *«la empresa no puede negar el plus festivo cuando la retribución que perciben los trabajadores contratados para trabajar exclusivamente en festivos resulte ser la misma que el convenio contempla para el trabajo ordinario en días laborables».*

---

[17] MONREAL, E: «El contrato a tiempo parcial: Puntos críticos del tiempo de trabajo», *Documentación Laboral*. Revista de la Asociación Española de Derecho del Trabajo y de la Seguridad Social núm. 110, vol. II, Ediciones Cinca, Madrid. 2017, pág. 103.

El Alto Tribunal rechaza que dicha compensación se pueda entender implícitamente incluida en la retribución ordinaria y refuerza la obligación de interpretar los convenios conforme al principio de igualdad del art. 14 CE.

Características	Jornada parcial horizontal	Jornada parcial vertical
Distribución del tiempo	Jornada inferior a la completa todos los días hábiles. Distribución regular de la jornada.	Jornada completa o inferior determinados días de la semana, mes o año. Distribución irregular de la jornada.
Sectores más comunes	Sectores con horarios regulares: oficinas, comercio, administración…, etc.	Sectores con demanda de trabajo fluctuante: hostelería, limpieza, turismo, educación, sanidad…, etc. En su mayoría, sectores feminizados.
Cotización	Cotización por meses completos.	Cotización por meses completos.

Cuadro núm. 1. Fuente: elaboración propia SEC-UGT.

STJUE de 9 de noviembre 2017, asunto C-98/15: definición de jornada parcial vertical y horizontal.

«Se considera trabajo a tiempo parcial «vertical» aquel en el que la persona que lo realiza concentra sus horas de trabajo en determinados días laborables de la semana, y «horizontal», aquel en el que la persona que lo realiza trabaja todos los días laborables de la semana».

Límites legales de la distribución de la jornada a tiempo parcial

En la determinación y regulación de la distribución del tiempo de trabajo en la jornada a tiempo parcial, es relevante tanto la autonomía individual como el papel del convenio colectivo; ambos condicionados por los límites legales generales existentes, los cuales establecen garantías de protección y seguridad jurídica para las personas trabajadoras. A continuación, se referencian los más significativos, con independencia de que se estudien con mayor profundidad a lo largo de la Guía:

Descanso entre jornadas regulado en el art. 34.3. 1° ET: descanso mínimo de 12 horas entre el final de la jornada y el inicio de la siguiente. Salvo ampliación mediante convenio colectivo aplicable, la jornada ordinaria no puede exceder de 9 horas diarias.

Descanso semanal regulado en el art. 37.1 ET: descanso mínimo semanal de 1 día y medio interrumpido. Puede acumularse en periodos de hasta 14 días, mediante convenio colectivo.

Pausa obligatoria en la jornada diaria regulada en el art. 34.4 ET: jornadas que exceden de 6 horas diarias, derecho a pausa mínima de 15 minutos; esta pausa se considera tiempo efectivo de trabajo si así lo establece el contrato de trabajo y/o el convenio colectivo de aplicación.

Derecho a vacaciones anuales reguladas en el art. 38 ET: descanso anual, mínimo 30 días naturales, no se pueden compensar, salvo extinción de la relación laboral.

Horas complementarias: acorde a lo establecido en el art. 12.5.h) ET, la realización de horas complementarias en el trabajo a tiempo parcial debe respetar los límites establecidos en materia de jornada y descansos establecidos en el art. 34.3 ET.

Fragmentación de la jornada: en virtud de lo determinado en el art. 12.4 b) ET, la fragmentación de la jornada diaria de una persona trabajadora a tiempo parcial debe respetar los límites legales; la división en 2 o más periodos solo será posible, si se establece en el convenio colectivo.

1.4. DISCRIMINACIÓN INDIRECTA POR RAZÓN DE GÉNERO EN LA JORNADA PARCIAL

Resulta imprescindible hablar de una realidad incuestionable en el trabajo a tiempo parcial, la discriminación indirecta por razón de género[18]. Según el art.

---

[18] Conforme a lo establecido en la doctrina del Tribunal Constitucional (TC), constituye discriminación indirecta el tratamiento formalmente neutro o no discriminatorio, del que se deriva, por las diversas condiciones fácticas que se dan entre las personas trabajadoras de uno y otro sexo, un impacto adverso sobre los miembros de un determinado sexo. Salvo que este tratamiento responda a una finalidad legítima y utilice medios proporcionados, adecuados y necesarios para conseguirla (SSTC 145/1991, de 1 de julio; 147/1995, de 16 de octubre, y 198/1996, de 3 de diciembre, entre otras). Asimismo, el TC, establece que «*el concepto de discriminación indirecta constituye un elemento*

6.2 LO 3/2007, de 22 de marzo, para la igualdad efectiva de mujeres y hombres[19]: «*Se considera discriminación indirecta por razón de sexo la situación en que una disposición, criterio o práctica aparentemente neutros pone a personas de un sexo en desventaja particular con respecto a personas del otro, salvo que dicha disposición, criterio o práctica puedan justificarse objetivamente en atención a una finalidad legítima y que los medios para alcanzar dicha finalidad sean necesarios y adecuados*».

De otro lado, el art. 6.1 b), de la LO 15/2022, de 12 de julio, integral para la igualdad de trato y la no discriminación[20], establece: «*La discriminación indirecta se produce cuando una disposición, criterio o práctica aparentemente neutros ocasiona o puede ocasionar a una o varias personas una desventaja particular con respecto a otras por razón de las causas previstas en el apartado 1 del artículo 2*».

Según el Informe «*Principales Indicadores Estadísticos de Igualdad 2025*[21]», el 73,6 % de las personas trabajadoras a jornada parcial son mujeres, lo que supone 2.252.600 mujeres respecto a 806.400 hombres. La menor carga horaria en el trabajo a tiempo parcial, que hace que este tenga como característica la flexibilidad, a priori, supone una de sus ventajas, sin embargo, torna en un factor clave para fomentar una discriminación indirecta por razón de género. La mayoría de los contratos a tiempo parcial se concentran en las personas trabajadoras del hogar, las actividades administrativas, y el comercio. Estos trabajos son escasamente valorados y, en consecuencia, poco remunerados[22].

En España, el principal motivo del trabajo a jornada parcial en las mujeres se basa en el cuidado de hijos/as y familiares. Según datos de la EPA[23], un 92,07 %

---

clave para procurar una igualdad efectiva, material o sustancial, entre el hombre y la mujer, superando una desigualdad histórica que puede calificarse de estructural, pues la igualdad sustantiva es un elemento definidor de la noción de ciudadanía en nuestro orden constitucional» (STC 12/2008, de 29 de enero, FJ 4.º).

[19] Ley Orgánica 3/2007, de 22 de marzo, para la igualdad efectiva de mujeres y hombres. BOE 23/03/2007, núm. 71.

[20] Ley 15/2022, de 12 de julio, integral para la igualdad de trato y la no discriminación. BOE 13/07/2022, núm. 167.

[21] INSTITUTO DE LAS MUJERES, Secretaría de Estado de Igualdad y para la Erradicación de la Violencia contra las Mujeres, Ministerio de Igualdad: «Principales indicadores estadísticos igualdad-febrero 2025», EMPLEO, Parcialidad en el empleo, Madrid. 2025, pág. 9.

[22] UNIÓN GENERAL DE TRABAJADORAS Y TRABAJADORES (UGT): «El trabajo a tiempo parcial no elegido, sigue discriminando a las mujeres». EMPLEO. IGUALDAD. Madrid, 2023, publicación web.

[23] INSTITUTO NACIONAL DE ESTADÍSTICA (INE): *Encuesta de Población Activa* (EPA), cuarto trimestre 2024, INE, 2024.

de mujeres, sobre el total de las que trabajan a jornada parcial, lo hacen por este motivo. Asimismo, un 72,92 % sobre el total de mujeres que llevan a cabo su trabajo bajo esta modalidad de jornada, indica como motivo, la imposibilidad de encontrar un trabajo a jornada completa.

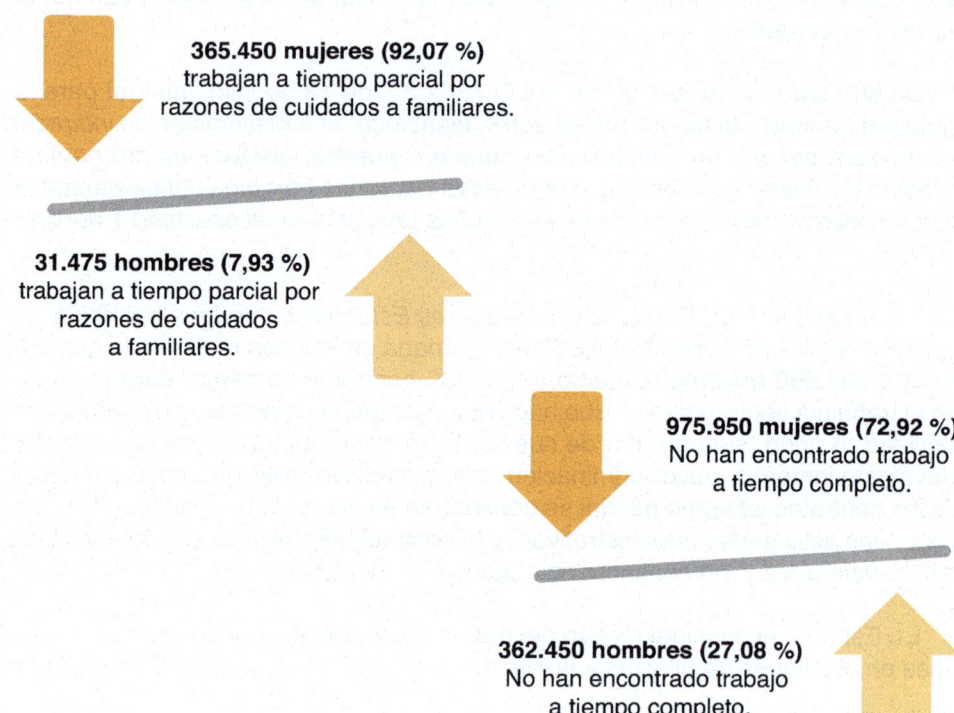

365.450 mujeres (92,07 %)
trabajan a tiempo parcial por
razones de cuidados a familiares.

31.475 hombres (7,93 %)
trabajan a tiempo parcial por
razones de cuidados
a familiares.

975.950 mujeres (72,92 %)
No han encontrado trabajo
a tiempo completo.

362.450 hombres (27,08 %)
No han encontrado trabajo
a tiempo completo.

Gráfico núm. 2. Fuente: elaboración propia SEC-UGT con datos de la EPA, INE, 2024.

De estos datos se evidencia que el trabajo a tiempo parcial no es una opción completamente libre, está condicionada por la perpetuación de los roles de género en la sociedad, así como por ser otra manifestación de la precariedad laboral, no solo porque principalmente es involuntaria, sino porque también se relaciona directamente con bajos salarios y con empleos de carácter temporal.

1.5. SITUACIÓN DE LAS PERSONAS JÓVENES EN EL EMPLEO A TIEMPO PARCIAL

El mercado laboral juvenil en España ha estado históricamente marcado por diversas dificultades, que afectan tanto al acceso al empleo, como a la calidad del mismo. Entre sus características más destacadas se encuentran[24]:

- Dificultades en el acceso al empleo.
- Tasas de desempleo juvenil significativamente superiores a las del resto de grupos de edad, situándose por encima de la media nacional.
- Alta inestabilidad y precariedad laboral, definida por un alto uso fraudulento de la contratación temporal, alta rotación en el empleo y parcialidad no deseada.
- Un salario más bajo respecto a personas de más edad.

En este contexto, el trabajo a tiempo parcial es una modalidad laboral significativamente más frecuente entre los/as jóvenes que en el conjunto de la población ocupada en España.

---

[24] RUGE. UNIÓN GENERAL DE TRABAJADORES Y TRABAJADORAS (UGT) «Sobre juventud y empleo», Madrid, 2023.

PERSONAS JÓVENES - CONTRATO A TIEMPO PARCIAL								
Grupo de Edad	Datos totales personas jóvenes con trabajo a tiempo parcial			Hombres con trabajo a tiempo parcial		Mujeres con trabajo a tiempo parcial		
	Total personas ocupadas	Total a tiempo parcial	Porcentaje a tiempo parcial	Hombres a tiempo parcial	Porcentaje a tiempo parcial	Mujeres a tiempo parcial	Porcentaje a tiempo parcial
16 a 19 años	183.600	106.500	58,00 %	59.900	52,40 %	46.500	67,30 %
20 a 24 años	1.126.400	413.300	36,70 %	173.900	28,10 %	239.400	47,20 %
25 a 29 años	1.893.800	334.800	17,70 %	117.300	12 %	217.500	23,80 %
30 a 34 años	2.251.200	284.000	12,60 %	82.600	6,80 %	201.400	19,30 %

Cuadro núm. 2. Fuente: elaboración propia SEC-UGT con datos de la EPA (INE) 4.º trimestre 2024.

En total, en el 4.º trimestre de 2024 en España, 3.059.000 personas trabajadoras prestan sus servicios a jornada parcial, de las cuales 1.138.600 tienen entre 16 y 34 años, lo que supone al 37,2 % del empleo a tiempo parcial. Sin embargo, las personas jóvenes constituyen una fracción menor de la población total ocupada, solo representan el 25 % del total de personas ocupadas[25].

Según la EPA, entre las personas ocupadas menores de 35 años, el motivo principal para optar por la modalidad contractual de jornada parcial es la imposibilidad de encontrar trabajo a jornada completa, que afecta a 475.600 (42 % del total de jóvenes ocupados/as a jornada parcial). Se referencian también como

[25] El porcentaje del 25 % se calcula a partir de los datos de la EPA 4T 2024. Según el INE, el total de personas jóvenes ocupadas (16-34 años), tanto a jornada completa, como a jornada parcial suman 5.455.000 personas, mientras que el total de personas ocupadas, de todos los rangos de edad y tipos de jornada, es de 21.857.900. INSTITUTO NACIONAL DE ESTADÍSTICA (INE): *Encuesta de Población Activa* (EPA), cuarto trimestre 2024.

otros motivos relevantes para optar por este tipo de jornada, la necesidad de compaginar empleo y formación o estudios, 399.500 personas (35 %) y el cuidado de hijos/as o familiares, que motivan la jornada parcial en 71.000 personas de estas franjas de edad (7 %).

Estos datos muestran una precarización del empleo juvenil, donde el trabajo a tiempo parcial, en muchas ocasiones no es una elección voluntaria, sino una solución impuesta, ante la falta de empleo a jornada completa, o ante la necesidad de conciliar responsabilidades formativas y/o personales.

Personas ocupadas menores de 35 años a tiempo parcial por motivo de la jornada parcial

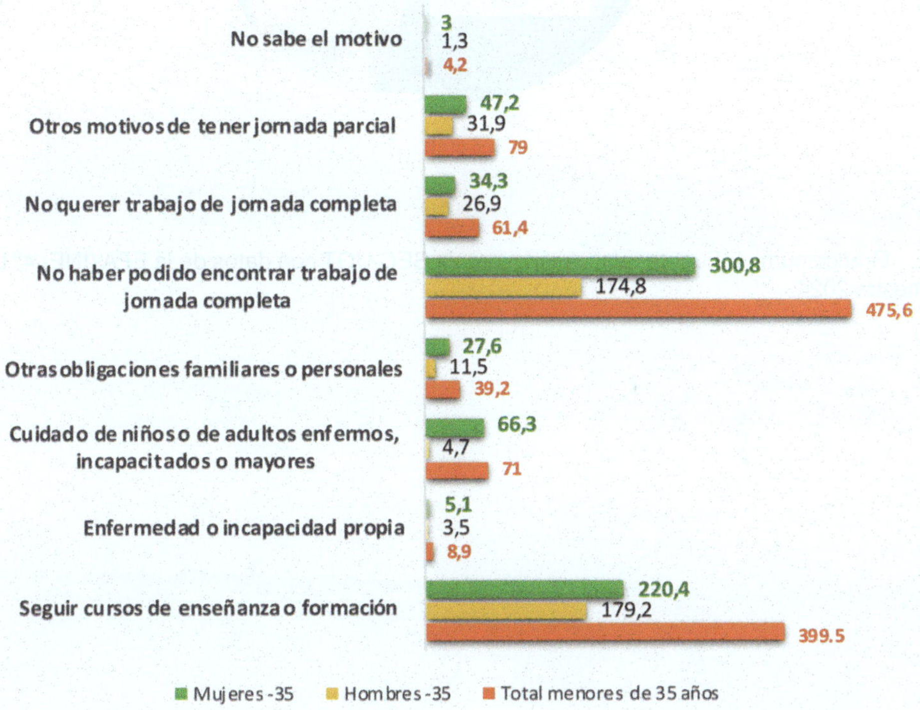

Motivo	Mujeres -35	Hombres -35	Total menores de 35 años
No sabe el motivo	3	1,3	4,2
Otros motivos de tener jornada parcial	47,2	31,9	79
No querer trabajo de jornada completa	34,3	26,9	61,4
No haber podido encontrar trabajo de jornada completa	300,8	174,8	475,6
Otras obligaciones familiares o personales	27,6	11,5	39,2
Cuidado de niños o de adultos enfermos, incapacitados o mayores	66,3	4,7	71
Enfermedad o incapacidad propia	5,1	3,5	8,9
Seguir cursos de enseñanza o formación	220,4	179,2	399.5

Gráfico núm. 3. Fuente: elaboración propia SEC-UGT con datos de la EPA (INE) 4.º trimestre 2024. Unidad miles de personas.

Motivos de la jornada parcial entre 16 y 35 años

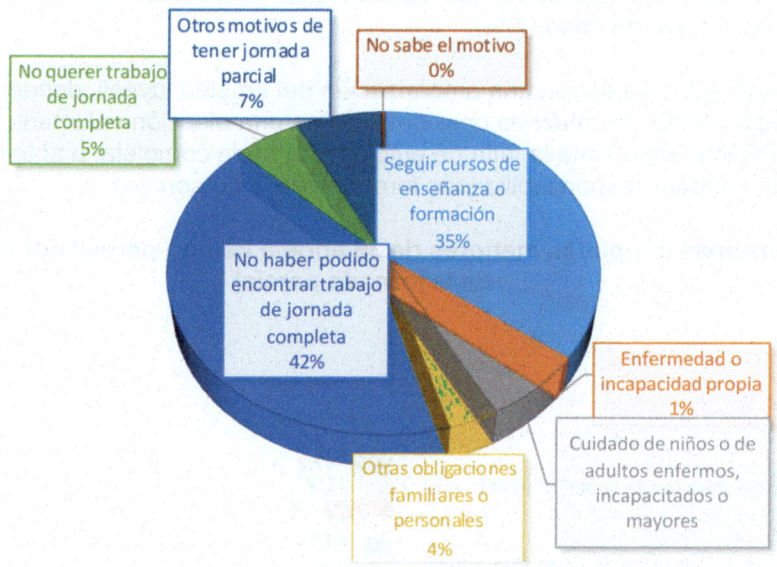

Gráfico núm. 4. Fuente: elaboración propia SEC-UGT con datos de la EPA (INE) 4° trimestre 2024.

2. LAS REGLAS DEL CONTRATO A TIEMPO PARCIAL

2. LAS REGLAS DEL CONTRATO A TIEMPO PARCIAL

2.1. FORMALIZACIÓN DEL CONTRATO A TIEMPO PARCIAL

La formalización del contrato a tiempo parcial consta de 2 aspectos esenciales: forma y contenido.

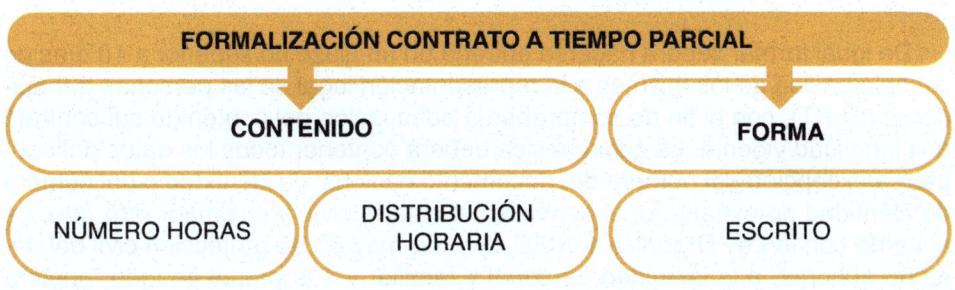

Gráfico núm. 5. Fuente: elaboración propia SEC-UGT.

2.1.1. FORMA DEL CONTRATO A TIEMPO PARCIAL

Respecto a la formalización del contrato a tiempo parcial, el art. 12.4.a) ET establece los requisitos específicos de esta modalidad contractual, remitiéndose a la regla general regulada en el art. 8.2 ET[26]. Se establece que el contrato de trabajo a tiempo parcial deberá ser formalizado por escrito y según el modelo oficial establecido.

---

[26] Art. 8.2. ET: deberán constar por escrito los contratos de trabajo cuando así lo exija una disposición legal y, en todo caso, los de prácticas y para la formación y el aprendizaje, los contratos a tiempo parcial, fijos-discontinuos y de relevo y los contratos para la realización de una obra o servicio determinado; también constarán por escrito los contratos por tiempo determinado cuya duración sea superior a 4 semanas.

La falta de cumplimiento de estos requisitos supondrá que se entiende celebrado a jornada completa y por tiempo indefinido, salvo prueba en contrario. Se trata de una presunción «iuris tantum», la cual puede ser desvirtuada si se acredita la naturaleza parcial o temporal del contrato.

Asimismo, la falta de formalización por escrito del contrato de trabajo supone una sanción derivada de la infracción administrativa regulada en el art. 7.1 de la Ley sobre Infracciones y Sanciones en el Orden Social (LISOS)[27].

En definitiva, el contrato a tiempo parcial deberá ser formalizado por escrito en un modelo oficial en el que se especificará un contenido determinado.

Una vez formalizado el contrato, la empresa deberá comunicarlo a la Oficina Pública de Empleo en el plazo de 10 días siguientes a su celebración. Se deberá comunicar tanto el contenido de los nuevos contratos de trabajo a tiempo parcial celebrados, como la prórroga de estos.

De igual forma, deberá hacerse entrega en un plazo no superior a 10 días de la copia básica de los mismos a la representación legal de las personas trabajadoras (RLPT), con el fin de comprobar la adecuación del contenido del contrato a la legalidad vigente. La copia básica deberá contener todos los datos del contrato a excepción del número del documento nacional de identidad o del número de identidad de extranjero, el domicilio, el estado civil, y cualquier otro que, de acuerdo con la Ley Orgánica 1/1982, de 5 de mayo[28], de protección civil del derecho al honor, a la intimidad personal y familiar y a la propia imagen, pudiera afectar a la intimidad personal de la persona trabajadora[29].

Adicionalmente, la empresa tiene la obligación de informar trimestralmente a la RLPT sobre los contratos a tiempo parcial que se han realizado, así como de las horas complementarias realizadas (art. 64.2.c) ET). Asimismo, «*las personas*

---

[27] El Proyecto de Ley sobre condiciones laborales transparentes publicado en el Boletín Oficial de las Cortes Generales (BOCG) el 16 de febrero de 2024, modifica el art. 7.1 LISOS para tipificar como infracción grave la falta de información por escrito a la persona trabajadora sobre los elementos esenciales del contrato y las principales condiciones de ejecución de la prestación laboral, en los términos y plazos que se establezcan reglamentariamente.

[28] Real Decreto Legislativo 5/2000, de 4 de agosto, por el que se aprueba el texto refundido de la Ley sobre Infracciones y Sanciones en el Orden Social. BOE 08/08/2000, núm. 189.

[29] El tratamiento de la información facilitada estará sometido a los principios y garantías previstos en la normativa aplicable en materia de protección de datos.

trabajadoras pueden solicitar en cualquier momento del SEPE información del contenido de dichas comunicaciones y de la copia básica del contrato[30]».

Aunque no exista RLPT, la empresa también tiene la obligación de formalizar una copia básica y remitirla a la Oficina Pública de Empleo, haciendo constar expresamente que no existe representación legal en la empresa.

COMUNICAR A LA OFICINA PÚBLICA DE EMPLEO: PLAZO DE 10 DÍAS	ENTREGA COPIA BÁSICA: PLAZO DE 10 DÍAS
El contenido de los contratos de trabajo a tiempo parcial que se celebren, y la prórroga de los estos.	A la RLPT para comprobar la adecuación del contenido del contrato a la legalidad vigente.

Gráfico núm. 6. Fuente: elaboración propia SEC-UGT.

2.1.2. CONTENIDO DEL CONTRATO A TIEMPO PARCIAL

En cuanto al contenido, en el contrato a tiempo parcial deberá figurar el número de horas ordinarias de trabajo al día, a la semana, al mes o al año contratadas, así como el modo de su distribución según lo previsto en convenio colectivo y deberá reflejar los elementos esenciales de la actividad laboral[31]. En definitiva, el art. 12.4.a) ET establece que el contrato de trabajo a tiempo parcial deberá cumplir los siguientes requisitos para su formalización:

■ Especificación de la jornada de trabajo pactada: determinada en horas diarias, semanales, mensuales o anuales.

■ Distribución del tiempo de trabajo: salvo que se acuerde posteriormente según lo previsto en el convenio colectivo de aplicación.

---

[30] Art. 5.1 del RD 1424/2002, de 27 de diciembre, por el que se regula la comunicación del contenido de los contratos de trabajo y de sus copias básicas a los Servicios Públicos de Empleo, y el uso de medios telemáticos en relación con aquélla. Memento práctico. Francis Lefebvre: «*Contrato de Trabajo*» (2023-2024), pág. 764.

[31] El contrato debe contener los elementos esenciales de la actividad laboral (consentimiento, objeto y causa) conforme a lo establecido en el art. 8.2 ET.

■ Condiciones de la realización de horas complementarias: en el caso de pactarse su celebración.

■ Elementos esenciales del contrato de trabajo (voluntariedad, remuneración, etc.).

Gráfico núm. 7. Fuente: elaboración propia SEC-UGT.

Si no se observaran estas exigencias propias de una jornada parcial, el contrato se presumirá celebrado a jornada completa, salvo prueba en contrario que acredite el carácter parcial de los servicios.

STSJ Canarias núm. 1206/2024, de 12 de septiembre: si la empresa incumple las formalidades legales exigidas en la modalidad de contrato a tiempo parcial, se presume que se ha celebrado a jornada completa.

Aunque el contrato se formalizó por escrito, no especificaba adecuadamente la distribución de la jornada de trabajo, impidiendo a la persona trabajadora conocer con antelación suficiente cómo se dividirían sus horas laborales, afectando su derecho a la conciliación de la vida familiar y la posibilidad de concertar otro contrato de trabajo parcial.

El art. 12.4. c) ET, establece que la jornada de las personas trabajadoras a tiempo parcial se registrará día a día y se totalizará mensualmente, entregando copia a la persona trabajadora, junto con el recibo de salarios, del resumen de todas las horas realizadas en cada mes, tanto las ordinarias como las complementarias. Este registro deberá ser conservado por el empleador durante un periodo mínimo de 4 años. Actualmente, no existe ningún modelo oficial para llevar a cabo este registro.

> **Sentencia núm. 55/2022, de 27 de enero, del Juzgado de lo Social núm. 1 de Albacete: incumplimiento de la obligación de llevar un registro horario de las personas trabajadoras a tiempo parcial.**
>
> *«La empresa demandante no cumplió las determinaciones del artículo 12.4.c) en lo que a registro de jornada se refiere pues, el registro de la jornada debía hacerse diariamente, y la hoja excell que mostró el trabajador a la Inspección se encontraba sin cumplimentar, lo que no resulta siquiera controvertido. La falta de cumplimentación del registro horario de manera diaria (como impone el artículo 12.4.c) del ET) supone infringir las normas en materia de registro jornada previstas en el precepto reproducido, lo que hace tal la conducta incardinable en el supuesto de hecho del apartado 5.º del artículo 7 de la LISOS».*

Código de contrato 200

Es esencial que se conozca con certeza, tanto el número de horas a trabajar, como su distribución.

En lo que respecta al periodo de prueba de las personas trabajadoras contratadas a tiempo parcial es el mismo que el previsto legal o convencionalmente para las contratadas a tiempo completo.

En defecto de pacto en convenio, la duración del periodo de prueba no podrá exceder de:

Seis meses para los técnicos titulados.
Dos meses para las demás personas trabajadoras.

En las empresas de menos de 25 personas trabajadoras el periodo de prueba no podrá exceder de 3 meses para las personas trabajadoras que no sean técnicos titulados.

En el supuesto de los contratos temporales de duración determinada (por circunstancias de la producción o por sustitución de persona trabajadora) concertados por tiempo no superior a 6 meses, el periodo de prueba no podrá exceder de 1 mes, salvo que se disponga otra cosa en convenio colectivo.

2.2. HORAS COMPLEMENTARIAS

Los contratos a tiempo parcial permiten la inclusión de horas complementarias, que se dividen en 2 tipos: las pactadas y las de aceptación voluntaria, conforme al art. 12. 4 y 5 ET. Ambos tipos presentan características específicas[32].

La STS núm. 207/2021, de 16 de febrero, aborda el concepto de horas complementarias en los contratos a tiempo parcial. En esta resolución se indica que estas horas, que son adicionales a las estipuladas en el contrato, solo pueden ser exigidas si existe un acuerdo expreso entre las partes, ya sea al inicio del contrato o en cualquier momento posterior, siempre formalizado por escrito. En este acuerdo, el contrato a tiempo parcial debe establecer una jornada mínima de 10 horas semanales en cómputo anual, y debe especificarse el número de horas complementarias que el empresario podrá solicitar, sin que puedan superar el 30 % de las horas ordinarias pactadas, salvo que el convenio fije un límite superior.

Asimismo, la persona trabajadora debe ser informada con un preaviso mínimo de 3 días, del día y la hora en que se llevarán a cabo las horas complementarias, salvo que el convenio colectivo establezca otro plazo. Las horas complementarias deben respetar los límites establecidos en los arts. 34.3 y 4, 36.1 y 37.1 ET, que regulan las jornadas de trabajo y los descansos.

Por último, las horas complementarias realizadas se remunerarán como horas ordinarias y deben reflejarse tanto en el recibo de salario como en los documentos de cotización a la Seguridad Social.

---

[32] VV. AA.: «Trabajo a tiempo parcial. paso a paso. Todas las claves relacionadas con la contratación, derechos, jornada, cotización y prestaciones del trabajo a tiempo parcial». MaColex Editorial Jurídica, Madrid, 2024, págs. 62-68.

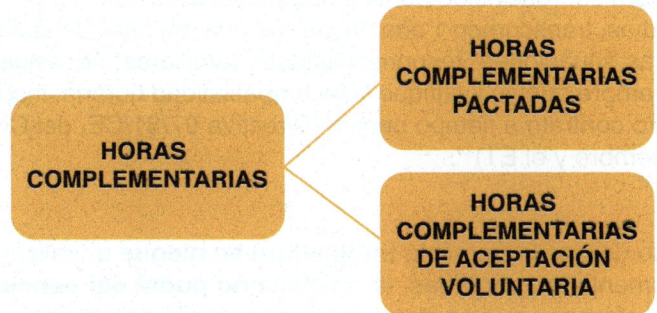

Gráfico núm. 8. Fuente: elaboración propia SEC-UGT.

2.2.1. HORAS COMPLEMENTARIAS PACTADAS

Las horas complementarias pactadas son aquellas que, aunque no forman parte de la jornada ordinaria, se han acordado expresamente entre las partes como una extensión de las horas ordinarias establecidas en el contrato. Su regulación es la siguiente:

> **Formalización**: deben pactarse de manera expresa y escrita, ya sea en el momento de la celebración del contrato o posteriormente. No puede imponerse de forma unilateral por parte de la empresa. Además, este pacto solo puede realizarse en contratos a tiempo parcial cuya jornada semanal no sea inferior a 10 horas en cómputo anual, lo que se aplica tanto a contratos indefinidos como temporales (STJUE de 12 de octubre de 2004, asunto C-313/02)[33].
>
> **Porcentaje de horas**: el número de horas complementarias que se pueden acordar no debe superar el 30 % de las horas ordinarias del contrato, aunque los convenios colectivos pueden fijar un límite superior, que no podrá ser inferior al 30 % ni exceder el 60 % de las horas ordinarias.
>
> **Preaviso**: la persona trabajadora debe conocer el día y la hora en las que debe realizar las horas complementarias con un preaviso mínimo de 3 días, salvo que se disponga otro plazo en convenio colectivo.

---

[33] Redacción de FRANCIS LEFEBVRE: «*MEMENTO PRÁCTICO. Contrato de Trabajo* (2023–2024)», LEFEBVRE, Madrid, 2022, págs. 770-773.

Renuncia y exclusión de sanciones: el acuerdo de horas complementarias podrá ser rescindido por la persona trabajadora mediante un preaviso
de 15 días, transcurrido 1 año desde su firma, en caso de que se dé alguna
de estas situaciones: responsabilidades familiares; necesidades formativas, siempre que se justifique la incompatibilidad horaria; incompatibilidad
con otro contrato a tiempo parcial (Directiva 97/81/CE, del Consejo de 15
de diciembre y el ET)[34].

En caso de que **la persona trabajadora se niegue** a realizar horas
complementarias **pactadas**, la conducta **no podrá ser sancionada,
siempre que se den las causas legales para ello**.

**STS de 9 de marzo de 2011, rec. núm. 87/2010: modificación de jor-
nada y horario del personal de Iberia por circunstancias del tráfico
aéreo. Requisito de preaviso.**

La empresa puede modificar la jornada y el horario del personal de tierra
a tiempo parcial de Iberia debido a imprevistos relacionados con el tráfico
aéreo. Sin embargo, debe cumplir con los plazos de preaviso establecidos
por el convenio colectivo.

Por consiguiente, si la variación se comunica el mismo día en que se va a
hacer efectiva, no se cumple con el preaviso. Por otro lado, si el cambio se
comunica con menos de 7 días de antelación (incluso el día anterior), se considera válido siempre que las circunstancias del tráfico aéreo lo justifiquen.

2.2.2. HORAS COMPLEMENTARIAS DE ACEPTACIÓN VOLUNTARIA

En contratos a tiempo parcial indefinidos con una jornada mínima de 10 horas
semanales, el empresario puede ofrecer horas complementarias de forma voluntaria en cualquier momento, sin que ello sea obligatorio para el trabajador/a. Las
condiciones que regulan esta modalidad son:

---

[34] VV. AA.: « *Trabajo a tiempo parcial. paso a paso…*», *op. cit.* pág. 19.

Porcentaje máximo: el número de horas complementarias que pueden ofrecerse no puede superar el 15 % de las horas ordinarias del contrato, con una posibilidad de ampliación hasta el 30 % mediante convenio colectivo.

Voluntariedad: la persona trabajadora no está obligada a aceptar las horas complementarias voluntarias, y su negativa no conlleva sanción.

Exclusión de efectos en otros pactos: las horas complementarias voluntarias no se cuentan dentro del porcentaje total de horas complementarias pactadas previamente, y, por lo tanto, no afectan al límite de horas establecidas en el contrato.

Supuesto Práctico – Horas complementarias voluntarias

La persona trabajadora realiza labores de dependienta en una cadena de supermercados con un contrato a tiempo parcial indefinido de 12 horas semanales. Su convenio colectivo permite ampliar hasta un 30 % las horas complementarias voluntarias.

En su contrato no se incluye un pacto de horas complementarias.

Durante el mes de diciembre, por la campaña navideña, la empresa le ofrece realizar 4 horas adicionales por semana durante todo el mes. La persona trabajadora rechaza la oferta argumentando razones personales. A raíz de esta negativa, en enero, su encargada le modifica unilateralmente el horario habitual, asignándole turnos menos favorables y con menos días continuados. La persona trabajadora sospecha que se trata de una represalia por no haber aceptado las horas complementarias voluntarias.

Decide interponer una demanda por modificación sustancial de condiciones de trabajo y vulneración de derechos laborales, basándose en la doctrina del Tribunal Supremo sobre la voluntariedad de estas horas y la prohibición de represalias.

Preguntas:

1. ¿Puede la empresa imponer algún tipo de consecuencia por no aceptar las horas complementarias voluntarias?
2. ¿Es legal la modificación del horario habitual de la persona trabajadora tras su negativa?
3. ¿Qué criterios ha establecido la jurisprudencia del Tribunal Supremo sobre este tipo de situaciones?

Respuestas:

1. No. La legislación establece que las horas complementarias voluntarias no son obligatorias y, por tanto, la persona trabajadora puede rechazarlas libremente. Cualquier consecuencia negativa derivada de ese rechazo puede considerarse una represalia ilegal.
2. No, si se demuestra que la modificación no obedece a causas legales o tiene carácter punitivo o de represalia. En estos supuestos, se vulneraría los derechos de la persona trabajadora y podría ser considerada una modificación sustancial de las condiciones de trabajo sin causa objetiva.
3. El Tribunal Supremo ha establecido que la negativa a realizar horas complementarias voluntarias no puede ser utilizada para justificar represalias ni sanciones encubiertas (STS núm. 654/2017, de 20 de julio). Además, cualquier modificación sustancial debe estar debidamente motivada y justificada por razones técnicas, organizativas o de producción.

2.2.3. RETRIBUCIÓN Y COTIZACIÓN DE LAS HORAS COMPLEMENTARIAS

Las horas complementarias, pactadas o voluntarias, se retribuirán de la misma manera que las horas ordinarias (art. 12.5.i) ET). Además, computarán para las bases de cotización a la Seguridad Social, los periodos de carencia y las bases reguladoras de las prestaciones. El número de horas y su retribución deben ser reflejados tanto en el recibo individual de salarios como en los documentos de cotización a la Seguridad Social.

Cabe señalar que las horas complementarias no disfrutan de la reducción en la aportación empresarial a la Seguridad Social por contingencias comunes, establecida en el artículo único del RD Ley 3/2014, de 28 de febrero[35].

2.2.4. LÍMITES LEGALES: JORNADAS Y DESCANSOS

Es esencial que, tanto las horas ordinarias como las complementarias, respeten los límites establecidos por la legislación en cuanto a jornadas laborales y descansos. Esto incluye límites sobre la jornada máxima diaria, los descansos entre jornadas, y la jornada nocturna, entre otros (art. 12, 23 y 34 a 38 ET). El incumplimiento de estos límites se considera una infracción grave por parte de la empresa (art. 7.5 LISOS).

---

[35] Real Decreto Ley 3/2014, de 28 de febrero, de medidas urgentes para el fomento del empleo y la contratación indefinida. BOE, 01/03/2014, núm. 52.

Límite de horas:

La suma de las horas ordinarias y complementarias, tanto pactadas como voluntarias, no puede superar el máximo permitido para los contratos a tiempo parcial, que es el número de horas correspondientes a un contrato a tiempo completo.

Fuente: elaboración propia SEC-UGT generado por IA.

Supuesto Práctico – Límites legales

Una persona trabajadora tiene un contrato a tiempo parcial de 20 horas semanales en una empresa de atención al cliente. El contrato establece que trabajará de lunes a viernes de 9:00 a 13:00. A raíz de un aumento puntual de trabajo durante el mes de marzo, la empresa solicita a la persona trabajadora realizar horas complementarias.

En el contrato, se pacta que las horas complementarias pueden alcanzar un 30 % de las horas ordinarias. Por lo tanto, la persona trabajadora podría realizar hasta 6 horas complementarias por semana (20 horas × 30 % = 6 horas).

En la primera semana de marzo, la empresa solicita a la persona trabajadora realizar 8 horas complementarias, lo que eleva su jornada a 28 horas en total. En la segunda semana de marzo, debido a una incidencia técnica, la empresa solicita a la persona trabajadora realizar otras 12 horas complementarias, lo que lleva su jornada a 32 horas esa semana.

Preguntas:

1. ¿Está la empresa cumpliendo con la normativa sobre las horas complementarias en el contrato de la persona trabajadora?
2. ¿Se están respetando los límites establecidos por la ley para las horas ordinarias y complementarias?

Solución:

1. Según el art. 12 ET los contratos a tiempo parcial pueden incluir horas complementarias, pero deben estar expresamente pactadas en el contrato. Además, las horas complementarias no pueden superar el 30 % de las horas ordinarias pactadas.

En este caso, el contrato establece que la persona trabajadora puede realizar hasta 6 horas complementarias semanales. Sin embargo, en las primeras 2 semanas de marzo, se solicita realizar 8 horas en la primera semana y 12 horas en la segunda semana, lo que excede el límite del 30 %. Por lo tanto, la empresa no está cumpliendo con lo establecido en el contrato y la normativa aplicable.

2. El art. 34 ET establece que la jornada máxima ordinaria de trabajo es de 40 horas semanales en una jornada completa. Para los contratos a tiempo parcial, la suma de las horas ordinarias y las horas complementarias no debe superar este límite.

En este caso, la persona trabajadora realiza 20 horas ordinarias y, tras realizar las horas complementarias, su jornada se eleva a 28 horas en la primera semana y 32 horas en la segunda semana, lo que está dentro del límite de las 40 horas semanales. Sin embargo, la cantidad de horas complementarias solicitadas supera el límite legal permitido.

2.2.5. RÉGIMEN TRANSITORIO Y FRAUDE DE LEY

El RD Ley 16/2013, de medidas urgentes para la reforma del mercado laboral, introdujo una serie de modificaciones en el régimen de contratación laboral, especialmente en lo referente a los contratos a tiempo parcial y las horas complementarias.

En este contexto, se establece **que los acuerdos de horas complementarias pactados antes del 22 de diciembre de 2013 siguen siendo válidos para los contratos vigentes a esa fecha,** siempre y cuando las partes no decidan modificar sus condiciones, en cuyo caso deberán adaptarse a las disposiciones establecidas en la nueva normativa.

La reforma de 2013 subrayó que las horas complementarias no deben ser utilizadas como un recurso para enmascarar un contrato a tiempo completo bajo la apariencia de uno a tiempo parcial, lo que podría implicar una distorsión en las condiciones laborales y en los derechos de las personas trabajadoras. De hecho, uno de los objetivos de esta reforma fue evitar el abuso de esta práctica, garantizando que los contratos a tiempo parcial se ajusten a las verdaderas necesidades del empleo y no sean una estrategia para eludir la obligatoriedad de un contrato a tiempo completo.

Si una persona trabajadora realiza una jornada de 40 horas semanales bajo un contrato a tiempo parcial, se considera que ha existido un **fraude de ley** (art. 6.4 Código Civil), y el contrato debe ser considerado como de jornada completa.

2.2.6. FORMALIZACIÓN DEL ACUERDO, REGISTRO E INFORMACIÓN A LA REPRESENTACIÓN LEGAL DE LAS PERSONAS TRABAJADORAS (RLPT)

Como se ha explicado anteriormente, el acuerdo sobre horas complementarias debe formalizarse por escrito, especificando el número de horas que la empresa puede exigir a la persona trabajadora. Este acuerdo debe ser registrado en los documentos correspondientes y entregado a la RLPT. Además, debe cumplirse con los plazos de preaviso de 3 días establecidos por la normativa, salvo que se acuerde otro plazo en el convenio colectivo.

Por otro lado, la empresa tiene la obligación de entregar al trabajador/a, junto con el recibo de salario, un resumen mensual de todas las horas trabajadas. En caso de que no se cumpla con la obligación de registrar la jornada, se presumirá que el contrato es a tiempo completo.

No obstante, esta presunción *iuris tantum* puede ser desvirtuada si se prueba que los servicios son a tiempo parcial (SSTSJ Cataluña de 19 de mayo de 2017, rec. núm. 1714/2017; Castilla y León de 24 de mayo de 2019, rec. núm. 272/2019)[36].

Respecto a la carga de la prueba, la falta de un registro de jornada implica que es responsabilidad del empleador demostrar que el contrato es a tiempo parcial, y no del trabajador/a probar que su jornada es completa.

Además, la empresa debe conservar una copia de los resúmenes mensuales de los registros de jornada durante un mínimo de 4 años. El incumplimiento por parte del empleador será considerado como una infracción leve (art. 6.6 LISOS).

Por último, **la empresa tiene la obligación de informar trimestralmente a la RLTP sobre las horas complementarias realizadas por las personas trabajadoras a tiempo parcial,** conforme al art. 64.2.c) ET.

---

[36] CISS Laboral, «Control sobre la jornada de los trabajadores a tiempo parcial». Aranzadi La Ley, 2025.

STS núm. 207/2021, de 16 de febrero: derecho de la RLTP a recibir una copia de los acuerdos establecidos por las personas trabajadoras a tiempo parcial tras la firma del contrato.

«Desde otra perspectiva, resulta evidente que la posición de la recurrente carece de lógica y sentido. De mantener la tesis de la recurrente se llegaría al absurdo que, si el contrato incorpora un pacto sobre horas complementarias, tal pacto y contenido sería conocido por los representantes de los trabajadores cuando se hiciese efectiva la obligación de entrega de la copia básica de los contratos exigida por el artículo 8.4 ET. En cambio, si dicho pacto se formalizase una vez suscrito el contrato no podría ser conocido por los representantes de los trabajadores, lo que parece absurdo. Bastaría al efecto disociar el momento temporal de suscripción del contrato y del pacto de horas complementarias para eludir parte de la información sobre horas complementarias a la que los representantes tienen derecho».

La interpretación del art. 16 del Convenio Colectivo aplicable respalda lo expuesto, al exigir que las empresas entreguen a la RLTP una copia de los contratos, incluidas sus prórrogas, modificaciones y denuncias. En el caso de un contrato a tiempo parcial sin pacto de horas complementarias, cualquier acuerdo posterior modifica el contrato inicial, lo mismo que ocurre si un pacto previo es reemplazado. Modificar un contrato implica alterar sus características, y un nuevo pacto de horas complementarias cambia el régimen inicial. Por tanto, el convenio obliga a entregar también una copia de dicho pacto posterior.

2.3. HORAS EXTRAORDINARIAS

Las personas trabajadoras a tiempo parcial no pueden realizar horas extraordinarias, salvo en los supuestos de prevención o reparación de siniestros y otros daños extraordinarios y urgentes (arts. 12.4.c) y 35.3 ET).

No obstante, la doctrina jurisprudencial ha establecido que, cuando una persona trabajadora contratada a tiempo parcial realiza una jornada superior a la pactada, y ese exceso no puede ser calificado como un tiempo u hora complementaria, salvo que se haya suscrito un nuevo contrato o se acuerde una novación anterior, todo lo que supere en esta materia el contenido del pacto, constituyen horas extraordinarias y, como tal, han de ser retribuidas, al margen o con independencia de la prohibición legal para efectuarlas (STSJ Aragón núm. 474/2021, de 19 de julio).

STS de 11 de junio de 2014, rec. núm. 1039/2014: las horas extraordinarias son aquellas que, sin ser horas complementarias, exceden la jornada establecida en el contrato, independientemente de la prohibición de realizarlas.

«La prohibición de realizar horas extraordinarias que pesa sobre los empresarios y sobre los trabajadores contratados a tiempo parcial, con independencia de las consecuencias sancionadoras que su incumplimiento pudiera acarrear para los sujetos responsables del mismo, de manera análoga a lo que les sucede a quienes, pese a la nulidad de su contrato, tiene derecho a percibir la remuneración consiguiente a un contrato válido (art. 9.2 ET), también aquí el desempeño real y efectivo de los cometidos laborales durante esos excesos de jornada podrán dar lugar, en su caso, a la compensación económica correspondiente. Queremos decir, pues, que la prohibición no tiene porqué modificar la naturaleza y el régimen jurídico de los derechos y obligaciones inherentes a la prestación, porque lo determinante, desde luego a los efectos de su retribución, no sería sino la realidad de esa naturaleza y la efectiva realización del exceso de jornada».

Supuesto Práctico – Horas extraordinarias

En una empresa de construcción con contratos a tiempo parcial, una trabajadora realiza 15 horas semanales como técnico de mantenimiento. El 20 de julio, debido a un siniestro ocurrido en uno de los edificios de la empresa (un fallo estructural), se requiere que la trabajadora realice 4 horas adicionales para ayudar a gestionar los daños y prevenir que la situación empeore.

Estas horas no estaban pactadas previamente en el contrato, pero el acontecimiento excepcional obliga a la empresa a solicitar horas adicionales para intervenir de forma urgente. La trabajadora acepta realizar las horas adicionales debido a la gravedad del siniestro.

Preguntas:

1. ¿Se deben contar las 4 horas adicionales a efectos de la duración máxima de la jornada laboral?

2. ¿Cómo deben ser remuneradas las horas adicionales trabajadas?

Solución:

1. Las 4 horas adicionales trabajadas no se cuentan a efectos de la duración máxima de la jornada ordinaria laboral, ni para el cómputo del número máximo de horas extraordinarias autorizadas, según lo establecido en el art. 35.3 ET. El exceso de horas trabajadas en situaciones de siniestros o daños urgentes no se incluye en el cómputo total de horas extraordinarias, ya que se considera un trabajo realizado para prevenir o reparar daños extraordinarios.

2. A pesar de que no se cuentan para el límite de horas extraordinarias, las 4 horas deben ser remuneradas como horas extraordinarias. Esto significa que deben compensarse con un recargo sobre el valor de la hora ordinaria, conforme a lo dispuesto en el art. 35 ET.

2.4. EXCEPCIONES EN LOS CONTRATOS FORMATIVOS (ART. 11 ET)

El RD Ley 32/2021, de 28 de diciembre, introdujo cambios claves en la regulación de los contratos formativos, como el contrato de formación en alternancia y el contrato de formación para la obtención de práctica profesional. En este sentido, el art. 11 ET establece que:

■ En los **contratos de formación en alternancia**, no se pueden realizar horas complementarias. Las horas extraordinarias solo podrán llevarse a cabo en situaciones excepcionales, como las previstas en el art. 35.3 ET, es decir, cuando existan circunstancias de fuerza mayor o siniestros.

■ En los **contratos para la obtención de práctica profesional**, también está limitada la realización de horas extraordinarias, permitiéndose únicamente en los casos excepcionales del art. 35.3 ET.

Resumen

Pactadas: acordadas expresamente por escrito en contratos a tiempo parcial con jornada mínima de 10 horas semanales en cómputo anual. Pueden representar hasta un 30 % de las horas ordinarias del contrato, ampliables a un 60 % por convenio. El trabajador/a debe ser informado con un preaviso mínimo de 3 días antes de su realización u otro plazo por Negociación Colectiva.

Voluntarias: ofrecidas por la empresa en contratos indefinidos a tiempo parcial, con un máximo del 15 % de las horas ordinarias, ampliables al 30 % por convenio. La persona trabajadora puede negarse sin sanción.

Retribución: se pagan como horas ordinarias y se computan a efectos de cotización a la Seguridad Social.

Renuncia: la persona trabajadora puede renunciar a ellas, mediante un preaviso de 15 días, después de 1 año, por motivos como responsabilidades familiares o incompatibilidad con otro trabajo.

Horas Complementarias

Son las horas que superan la jornada pactada en el contrato, sin ser complementarias, y se retribuyen como horas extraordinarias.

Se pagan a un valor superior al de las horas ordinarias y se computan para la base de cotización.

Si un contrato a tiempo parcial realiza una jornada de 40 horas desde el inicio, se considera fraude de ley, y el contrato se considera a tiempo completo.

Horas Extraordinarias

Gráfico núm. 9. Fuente: elaboración propia SEC-UGT.

2.5. CONVERSIÓN DEL CONTRATO DE TRABAJO A TIEMPO COMPLETO EN UNO A TIEMPO PARCIAL Y VICEVERSA

El art. 12. 4.e) ET establece que la transformación de un contrato a tiempo completo en uno a tiempo parcial, o viceversa, tendrá «*siempre carácter voluntario para la persona trabajadora*» sin que pueda imponerse de manera unilateral por la empresa ni derivarse como consecuencia de una modificación sustancial de las condiciones laborales conforme al art. 41.1.a) ET.

El hecho de **que la persona trabajadora se niegue a realizar dicha conversión no podrá justificar un despido, ni originar sanciones u otras consecuencias desfavorables**, sin perjuicio de que, en los supuestos previstos en los arts. 51 y 52.c) ET, puedan adoptarse medidas por causas económicas, técnicas, organizativas o productivas (ETOP).

Es fundamental tener presente que, si bien el ET establece con carácter general el «*carácter voluntario*» de la conversión del contrato de trabajo de jornada completa a jornada parcial, reconociendo así a la persona trabajadora la facultad de decidir sobre dicha modificación, esta voluntariedad encuentra su límite en las causas económicas, técnicas, organizativas o de producción (ETOP) previstas en los arts. 51 y 52.c) ET. En estos supuestos, la empresa podrá optar por el despido objetivo.

El Tribunal Supremo ha abordado esta problemática, y al respecto ha señalado que en situaciones en las que una empresa, por causas ETOP, propone dicha transformación y la persona trabajadora se niega, el empleador puede, proceder a la extinción del contrato, tal y como establece el art. 52.c) ET. Además, si se contrata posteriormente a otra persona trabajadora a tiempo parcial, esta nueva contratación no se considerará fraude, sino que será vista como una simple ejecución de las posibilidades legales derivadas de la negativa de la persona trabajadora, teniendo en cuenta que la empresa no puede aplicar el art. 41 ET para modificar la naturaleza del contrato de trabajo (STS de 30 de mayo 2018, rec. núm. 2329/2016)[37].

---

[37] CISS Laboral, «Transformación del contrato a tiempo parcial: carácter voluntario». Aranzadi La Ley, 2025.

También es importante señalar que, en los casos de reincorporación tras una excedencia voluntaria, la persona trabajadora no está obligada a aceptar una oferta de reincorporación a un puesto a tiempo parcial. Si decide aceptar dicha reincorporación a tiempo parcial, esto no se interpretará como una renuncia a su derecho a ser reincorporada bajo las mismas condiciones que regían antes de la excedencia.

STS núm. 376/2023, 24 de mayo: reincorporación a tiempo parcial y derecho a jornada completa tras excedencia voluntaria.

El TS resolvió que la reincorporación de una trabajadora en excedencia voluntaria mediante un contrato a tiempo parcial no implica una modificación de su contrato anterior a tiempo completo ni renuncia a su derecho a reincorporarse a jornada completa cuando haya vacante. Esto se basa en que, según el art. 12.4.e) ET, cualquier cambio de jornada debe ser voluntario para la persona trabajadora y no puede ser impuesto unilateralmente por la empresa, ni siquiera por una modificación sustancial de las condiciones laborales.

Por otro lado, el ET indica que, con el objetivo de fomentar la movilidad voluntaria entre modalidades de jornada, la empresa está obligada a informar a la plantilla sobre los puestos vacantes existentes, permitiendo así que las personas trabajadoras puedan solicitar, con arreglo a lo establecido en el convenio colectivo, tanto la conversión de jornada completa a parcial (y viceversa) como el aumento de la jornada en caso de contratos a tiempo parcial. En este supuesto, es esencial que los convenios colectivos cuenten con los procedimientos necesarios para dar cumplimiento a lo estipulado por la norma.

En cuanto a la empresa, la norma impone la obligación de atender, «*en la medida de lo posible*», las solicitudes presentadas en este sentido. En caso de denegación, la empresa deberá comunicarlo por escrito a la persona trabajadora, expresando de forma razonada los motivos de la negativa.

Por su parte, el art. 6.5 LISOS tipifica como infracción leve la omisión de información oportuna a las personas con contrato a tiempo parcial sobre las vacantes disponibles en la empresa. Asimismo, debe comunicarse dicha información a la RLPT, de acuerdo con lo previsto en los arts. 12.4, 15.7 y 16.7 ET.

Supuesto práctico: conversión de jornada completa a jornada parcial sin consentimiento de la persona trabajadora

Una persona trabajadora con contrato a jornada completa recibe una notificación por parte de la empresa en la que se le comunica que, por razones económicas, su jornada se verá reducida a 20 horas semanales en el plazo de 30 días. Esta medida se plantea al amparo del art. 41 ET (modificaciones sustanciales de condiciones laborales de carácter individual).

Pregunta:

- ¿Es posible aplicar esta reducción sin el consentimiento de la persona trabajadora?

Solución:

No, la modificación de una jornada completa a una jornada parcial (y también a la inversa) exige en todo caso la aceptación expresa de la persona trabajadora. Esta transformación no puede imponerse de manera unilateral por parte de la empresa, ni siquiera acogiéndose al mecanismo previsto en el art. 41 ET, que regula las modificaciones sustanciales de condiciones de trabajo.

En consecuencia, si la persona trabajadora no está de acuerdo con la conversión propuesta, su negativa no puede dar lugar a su despido, ni a la imposición de sanciones u otras medidas desfavorables.

3. MODALIDADES DE CONTRATACIÓN A TIEMPO PARCIAL: DELIMITACIÓN

3. MODALIDADES DE CONTRATACIÓN A TIEMPO PARCIAL: DELIMITACIÓN

Como ya se ha expuesto, el objetivo del RD Ley 32/2021, de 28 de diciembre, fue diseñar adecuadamente los nuevos tipos de contratos para que el contrato indefinido se establezca como la regla general y el contrato temporal tenga un origen exclusivamente causal, evitando una utilización abusiva de esta figura y una excesiva rotación de personas trabajadoras.

Con este propósito, junto al contrato indefinido aparecen otras modalidades que se definen como «excepcionales» en una relación laboral: se trata del contrato de trabajo de duración determinada (o temporal, destacando el contrato por circunstancias de la producción y sustitución de persona trabajadora), el contrato de trabajo formativo (con dos subtipos), el contrato de trabajo fijo discontinuo (subtipo del indefinido ordinario) y el contrato a tiempo parcial[38].

INDEFINIDO ORDINARIO	TEMPORAL	FORMATIVO
- JORNADA COMPLETA - JORNADA PARCIAL - FIJO-DISCONTINUO	- CIRCUNSTANCIAS DE PRODUCCIÓN - SUSTITUCIÓN - JORNADA COMPLETA - JORNADA PARCIAL	- FORMACIÓN EN ALTERNANCIA - PRÁCTICA PROFESIONAL - JORNADA COMPLETA - JORNADA PARCIAL

Gráfico núm. 10. Fuente: elaboración propia SEC-UGT.

---

[38] Wolters Kluwer TAA España: «*Contrato indefinido: todo lo que debes saber tras la Reforma Laboral*».

3.1. CONTRATO A TIEMPO COMPLETO Y CONTRATO A TIEMPO PARCIAL

Como se ha indicado anteriormente, cuando la persona trabajadora realiza una jornada laboral completa establecida a través del convenio colectivo aplicable o por contrato, se está ante un contrato a tiempo completo. Sin embargo, cuando la persona trabajadora realiza una jornada laboral de menos horas de las establecidas en la jornada laboral completa, se está ante un contrato a tiempo parcial.

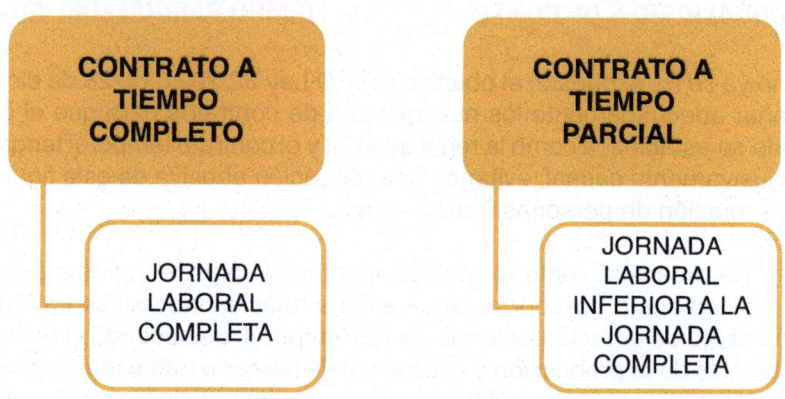

Gráfico núm. 11. Fuente: elaboración propia SEC-UGT.

STJUE de 5 de mayo 2022, asunto C-265/20: sobre el método de cálculo del porcentaje de carga de trabajo a tiempo completo equivalente una carga de trabajo a tiempo parcial.

El Acuerdo Marco sobre el trabajo a tiempo parcial, celebrado el 6 de junio de 1997 y que figura en el anexo de la Directiva 97/81/CE, en su versión modificada por la Directiva 98/23/CE, en relación con la variación de horas docentes asignadas a un profesor a tiempo parcial, afirma que debe interpretarse en el sentido de que no impone a la empresa que contrata a una persona trabajadora a tiempo parcial, ningún requisito específico sobre el método de cálculo del porcentaje que representa esa carga a tiempo parcial, en comparación con una carga a tiempo completo comparable.

La principal diferencia entre un contrato a tiempo completo y uno a tiempo parcial es el número de horas trabajadas. En consecuencia, el salario de una persona trabajadora a tiempo parcial se calcula en función de las horas trabajadas y el salario por hora establecido en el contrato o el convenio colectivo aplicable.

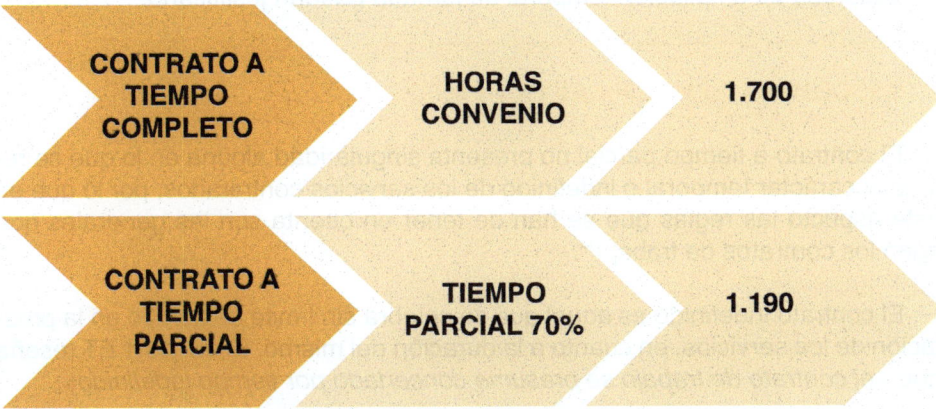

Gráfico núm. 12. Fuente: elaboración propia SEC-UGT.

STS núm. 271/2024, de 13 de febrero: se confirma la declaración de contrato laboral a tiempo completo de la persona trabajadora.

La persona trabajadora presta servicios en virtud de contrato a tiempo parcial de 1.160,43 horas al año. La jornada completa anual es de 1.668 horas. La demandante y la empresa acordaron ampliaciones temporales de la jornada de trabajo a tiempo completo.

La controversia litigiosa radica en dilucidar si una persona trabajadora con un contrato a tiempo parcial, a la que se le aplica el Convenio Colectivo de trabajo de los hospitales de agudos, centros de atención primaria, centros sociosanitarios y centros de salud mental concertados con el Servei Català de la Salut, que ha sido objeto de reiteradas ampliaciones de jornada en virtud de las cuales ha prestado servicios el mismo número de horas que las personas trabajadoras a tiempo completo, tiene la condición de persona trabajadora a tiempo completo.

El TS determinó que se produjo un fraude de ley, en virtud del cual la relación laboral devino a tiempo completo *por el uso fraudulento y reiterado de las ampliaciones de jornada por parte de la empresa demandada*. La persona trabajadora prestó servicios a tiempo completo sin que los citados acuerdos de ampliación temporal de jornada puedan justificarlo.

3.2. CONTRATO INDEFINIDO A TIEMPO PARCIAL

El contrato a tiempo parcial no presenta singularidad alguna en lo que se refiere al carácter temporal o indefinido de los servicios contratados, por lo que en este aspecto las reglas que se han de tener en cuenta son las generales que rigen los contratos de trabajo[39].

El contrato indefinido es aquel que se celebra sin límite de tiempo en la prestación de los servicios, en cuanto a la duración del mismo. El art. 15.1 ET reseña que *«el contrato de trabajo se presume concertado por tiempo indefinido»*.

Como ya hemos expuesto, el contrato indefinido a tiempo parcial se clasifica con el código de contrato 200[40]. Es un contrato de trabajo indefinido porque no hay fecha de vencimiento de la relación laboral y es a tiempo parcial porque no requiere de la realización de una jornada completa (no confundir con el contrato fijo discontinuo, que es un contrato indefinido pensado para determinados trabajos cuya actividad es fija pero discontinua[41]).

El contrato indefinido puede ser un contrato tanto verbal como escrito; a jornada completa (Código 100), parcial (Código 200), o para prestar servicios fijos discontinuos (Código 300). El contrato indefinido a tiempo parcial tiene una serie de formalidades que ya se han expuesto en apartados anteriores de esta Guía.

Seguidamente, se procederá a **delimitar la relación entre el contrato indefinido a tiempo completo y el contrato fijo discontinuo.**

---

[39] Redacción de FRANCIS LEFEBVRE: *«MEMENTO PRÁCTICO. Contrato de Trabajo (2023–2024)»*, LEFEBVRE, Madrid, 2022, págs. 763-766.
[40] Clasificación del Ministerio de Trabajo y Economía Social.
[41] Para mayor información sobre contratos fijos discontinuos consultar Guía de Fijos Discontinuos del Servicio de Estudios Confederal.

El denominador común de estos tipos de contrato es que no tienen fecha de finalización, dado su carácter indefinido. Todos se formalizan por un periodo de tiempo indefinido, en unos casos a tiempo competo, en otros a tiempo parcial y en otros la actividad laboral se realiza de manera intermitente.

La principal diferencia entre los 2 primeros (indefinido a tiempo completo e indefinido a tiempo parcial) es el tiempo de trabajo y la forma en la que se establece la relación laboral. De otro lado, la diferencia entre el contrato indefinido a tiempo parcial y el contrato fijo discontinuo está en la periodicidad o intermitencia de la actividad (si alterna periodos de actividad e inactividad, tiene carácter intermitente). Por lo tanto, cuando una actividad es intermitente el contrato deberá ser fijo discontinuo, no obstante, cuando una actividad no sea intermitente, el contrato deberá ser indefinido a tiempo parcial.

Así pues, los trabajos discontinuos que se repitan en fechas ciertas no tendrán la consideración de contratos a tiempo parcial celebrados por tiempo indefinido, sino que tendrán la consideración de contrato fijos discontinuos (BNR 1/2022)[42].

El segundo párrafo del art. 16.5 ET establece que, para poder celebrar un contrato fijo discontinuo a tiempo parcial, los convenios colectivos de ámbito sectorial pueden acordarlo cuando las peculiaridades de la actividad del sector así lo justifiquen. En este supuesto, la norma limita la posibilidad de contratar a personas con contrato fijo discontinuo a tiempo parcial[43].

---

[42] Ministerio de Inclusión, Seguridad Social y Migraciones. Boletín de Noticias RED (BNR) 1/2022, pág. 2.
[43] Para mayor información sobre contratos fijos discontinuos consultar Guía de Fijos Discontinuos del Servicio de Estudios Confederal.

Diferencias entre contrato indefinido a tiempo completo, parcial y contrato fijo discontinuo parcial

CONTRATO INDEFINIDO ORDINARIO

- Oral o escrito.
- Carácter indefinido.
- Se desarrolla de manera continuada en el tiempo.
- Cubre actividades de carácter permanente, a jornada completa.

CONTRATO INDEFINIDO TIEMPO PARCIAL

- Por escrito.
- Carácter indefinido.
- La actividad no debe ser intermitente.
- Cubre actividades de carácter permanente, a jornada parcial.

CONTRATO FIJO DISCONTINUO A TIEMPO PARCIAL

- Por escrito.
- Carácter indefinido.
- Se desarrolla de manera intermitente en el tiempo: períodos actividad e inactividad.
- Se caracteriza por la previsibilidad.
- Cubre actividades de carácter permanente y cíclico a jornada parcial.

Gráfico núm. 13. Fuente: elaboración propia SEC-UGT.

STS núm. 271/2024, de 13 de febrero: fraude en la contratación temporal a tiempo parcial.

El TS determina que la suscripción de varios contratos de trabajo temporales a tiempo parcial, no impide que la relación laboral sea considerada de duración indefinida por tiempo completo.

El art. 72.e) del convenio colectivo aplicable establece que las personas trabajadoras a tiempo parcial por tiempo indefinido pueden acceder temporalmente a una relación a tiempo completo para sustituir a una persona trabajadora con derecho a reserva de puesto de trabajo o por cualquier otra causa que hubiera permitido una contratación temporal.

En este supuesto, ninguna de las ampliaciones de jornada de la actora, salvo una, estaban justificadas por una causa de incapacidad temporal. Considera que estaban destinadas a cubrir necesidades estructurales o permanentes de la empresa, no coyunturales, lo que, a su juicio, se evidencia por la concatenación de las ampliaciones de jornada, que se produjo hasta en 5 ocasiones sin solución de continuidad alguna.

Ejemplo de formalización de jornada en modelo de contrato de trabajo indefinido

TERCERA: La jornada de trabajo será:

○ A tiempo completo: la jornada de trabajo será de .... horas semanales, prestadas de ...., a ...., con los descansos establecidos legal o convencionalmente. (10).

○ A tiempo parcial: la jornada de trabajo ordinaria será de .... horas ○ al día, ○ a la semana, ○ al mes, ○ al año, siendo esta jornada inferior a la de un trabajador a tiempo completo comparable (11).

La distribución del tiempo de trabajo será de (12) ...., conforme a lo previsto en el convenio colectivo.

En el caso de jornada a tiempo parcial señálese si existe o no pacto sobre la realización de horas complementarias (13): ○ SÍ . ○ NO

Fuente: SEPE, Ministerio de trabajo y economía social.

3.3. CONTRATOS DE DURACIÓN DETERMINADA

Con la reforma laboral, todas las modalidades de contratación temporal se han transformado en los actuales contratos de trabajo de duración determinada, por circunstancias de la producción o por sustitución de persona trabajadora, ambas modalidades pueden concertarse a tiempo parcial[44] (art. 15 ET).

El contrato de duración determinada es aquel que se celebra con límites de tiempo en la prestación de los servicios en cuanto a la duración del mismo, relacionados con determinadas circunstancias. En este tipo de contrataciones se establece una determinada fecha de finalización, a diferencia de lo que acontece en los contratos indefinidos.

---

[44] VV. AA.: «Trabajo a tiempo parcial. paso a paso…», *op. cit*. pág. 31.

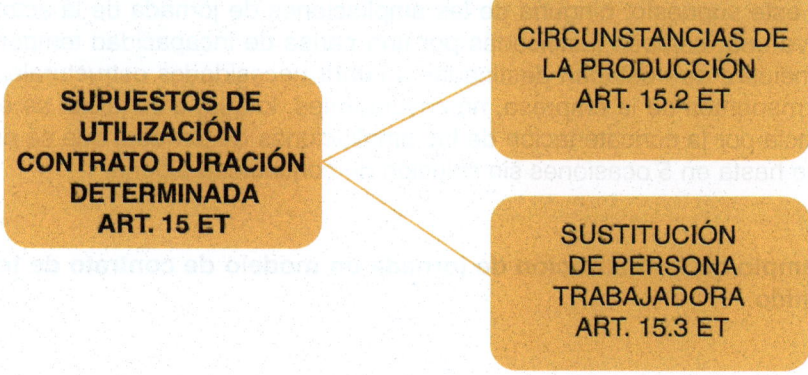

Gráfico núm. 14. Fuente: elaboración propia SEC-UGT.

En este tipo de contratos debe indicarse la causa de la temporalidad, las circunstancias concretas que la justifican y su conexión con la duración prevista. En caso contrario, el contrato se entiende celebrado por tiempo indefinido.

3.3.1. CONTRATO POR CIRCUNSTANCIAS DE LA PRODUCCIÓN

El contrato de duración determinada por circunstancias de la producción es aquel que se celebra por un tiempo determinado. Desde marzo de 2022[45], se pueden celebrar este tipo de contratos, cuando en la empresa exista un desajuste temporal entre la plantilla disponible y la que se necesita en un momento dado, esto es, una desproporción entre el trabajo a realizar y el personal del que se dispone para realizarlo. En este supuesto, la empresa puede contratar a personas trabajadoras por circunstancias de la producción siempre y cuando el exceso de trabajo provenga de alguna de las siguientes causas[46].

A) Un incremento ocasional e imprevisible de la actividad y las oscilaciones que, aun tratándose de la actividad normal de la empresa, generen un desajuste temporal entre el empleo estable disponible y el que se requiere, siempre que no respondan a los supuestos incluidos en el art. 16.1 ET. Entre las oscilaciones se entenderán incluidas aquellas que derivan de las vacaciones

---

[45] Ley 32/2021, de 28 de diciembre. de medidas urgentes para la reforma laboral, la garantía de la estabilidad en el empleo y la transformación del mercado de trabajo.
[46] STSJ Andalucía 960/2024, de 25 de abril.

anuales (art. 15.2 ET). Su duración máxima será de 6 meses, ampliable por convenio colectivo de ámbito sectorial hasta 1 año y por una única vez hasta llegar a su duración máxima (art. 15.2 ET).

B) Cuando se trate de atender situaciones igualmente ocasionales pero previsibles, que tengan una duración reducida y delimitada. Las empresas sólo podrán recurrir a este tipo de contratación temporal un máximo de 90 días en el año natural, a excepción de las empresas del sector agrario y agroalimentario que podrán utilizar un total de 120 días en el año natural, de manera no continuada, independientemente de las personas trabajadoras que sean necesarias para atender en cada uno de dichos días las concretas situaciones, que deberán estar debidamente identificadas en el contrato. Las empresas, en el último trimestre de cada año, deberán trasladar a la RLPT una previsión anual de uso de estos contratos (art. 15.2 ET).

CIRCUNSTANCIAS DE LA PRODUCCIÓN

INCREMENTO OCASIONAL E IMPREVISIBLE DE LA ACTIVIDAD Y LAS OSCILACIONES

SITUACIONES OCASIONALES, PREVISIBLES Y QUE TENGAN UNA DURACIÓN REDUCIDA Y DELIMITADA

EL CONTRATO DEBE **ESPECIFICAR CON PRECISIÓN LA CAUSA HABILITANTE DE LA CONTRATACIÓN TEMPORAL,** ASÍ COMO LAS CIRCUNSTANCIAS CONCRETAS QUE LA JUSTIFICAN Y SU CONEXIÓN CON LA DURACIÓN PREVISTA.

Gráfico núm. 15. Fuente: elaboración propia SEC-UGT.

STSJ Madrid de 14 de mayo de 2024, Rec. 262/2024: relación entre la causalidad y la duración del contrato.

Tras la reforma laboral, el legislador introduce una exigencia de forma adicional: el requisito de que el plazo necesario para atender la circunstancia del mercado tenga conexión con el plazo acordado para llevarla a acabo. Además, exige que en el propio contrato de trabajo se especifique este extremo, no basta con que concurra, sino que debe constar expresamente indicado en el contrato.

3.3.2. CONTRATO PARA SUSTITUCIÓN DE PERSONAS TRABAJADORAS

El contrato de duración determinada para sustitución de personas trabajadoras es aquel que se celebra por un tiempo determinado para la sustitución de una persona trabajadora con derecho a reserva de puesto de trabajo, siempre que se especifique en el contrato el nombre de la persona sustituida y la causa de la sustitución (art. 15.3 ET).

Las causas por las que puede celebrarse un contrato de duración determinada para sustitución de persona trabajadora a tiempo parcial son las siguientes:

- Para sustituir a una persona trabajadora con derecho a reserva de puesto de trabajo, siempre que se especifique en el contrato el nombre de la persona sustituida y la causa de la sustitución.
- Para completar la jornada reducida por otra persona trabajadora, cuando dicha reducción se ampare en causas legalmente establecidas o reguladas en el convenio colectivo y se especifique en el contrato el nombre de la persona sustituida y la causa de la sustitución.
- Para la cobertura temporal de un puesto de trabajo durante el proceso de selección o promoción para su cobertura definitiva mediante contrato fijo.

CAUSAS PARA LA CELEBRACIÓN DEL CONTRATO

SUSTITUCIÓN DE PERSONA TRABAJADORA CON DERECHO A RESERVA DE PUESTO DE TRABAJO	COMPLETAR LA JORNADA REDUCIDA POR OTRA PERSONA TRABAJADORA	COBERTURA TEMPORAL DE UN PUESTO DE TRABAJO DURANTE EL PROCESO DE SELECCIÓN O PROMOCIÓN PARA SU COBERTURA DEFINITIVA MEDIANTE CONTRATO FIJO

EL CONTRATO **DEBE ESPECIFICAR EL NOMBRE DE LA PERSONA SUSTITUIDA Y LA CAUSA DE LA SUSTITUCIÓN.**

Gráfico núm. 16. Fuente: elaboración propia SEC-UGT.

3.3.3. CONTRATO DE DURACIÓN DETERMINADA A TIEMPO PARCIAL

El contrato temporal a tiempo parcial existe cuando hay una justificación en la causa de la temporalidad, como puede ser cubrir la baja de una persona trabajadora debida a una incapacidad temporal. El uso de la duración determinada del contrato debe estar justificado. El contrato de duración determinada a tiempo parcial no puede responder a las situaciones reguladas en el art. 16.1 ET en relación con el contrato de trabajo a tiempo parcial y las modalidades de contratación fija discontinua.

Tampoco podrá usarse para la realización de trabajos en el marco de contratas, subcontratas o concesiones administrativas que constituyan actividad habitual u ordinaria de la empresa (art. 15.2 ET).

Ejemplo de formalización de jornada en modelo de contrato de trabajo temporal

---

SEGUNDA: La jornada de trabajo será (6):

○ A tiempo completo: la jornada de trabajo será de .... horas semanales, prestadas de ...., a ...., con los descansos establecidos legal o convencionalmente. (7).

○ A tiempo parcial: la jornada de trabajo ordinaria será de .... horas ○ al día, ○ a la semana, ○ al mes, ○ al año (6), siendo esta jornada inferior a la de un trabajador a tiempo completo comparable (8).

La distribución del tiempo de trabajo será de (9) ...., conforme a lo previsto en el convenio colectivo.

En el caso de jornada a tiempo parcial señálese si existe o no pacto sobre la realización de horas complementarias (10): ○ SÍ   ○ NO

Fuente: SEPE, Ministerio de trabajo y economía social.

Diferencias entre contrato de duración determinada a tiempo completo y parcial

CONTRATO A TIEMPO PARCIAL DE DURACIÓN DETERMINADA

- Por escrito.
- El contrato debe especificar el nombre de la persona sustituida, la causa de la sustitución y las horas.
- Duración definida.
- Jornada inferior a la completa.
- Se caracteriza por la previsibilidad.
- Se desarrolla de forma continuada en el tiempo.
- Bajo los umbrales del contrato por circunstancias de la producción.

CONTRATO DE DURACIÓN DETERMINADA

- Por escrito.
- Se caracteriza por su duración definida y delimitada y por causas específicas: incremento ocasional e imprevisible de la actividad y las oscilaciones que generen un desajuste temporal de empleo. Situaciones ocasionales pero previsibles, que tengan una duración reducida y delimitada.
- El contrato debe especificar el nombre de la persona sustituida y la causa de la sustitución.

Gráfico núm. 17. Fuente: elaboración propia SEC-UGT.

3.4. CONTRATO FORMATIVO A TIEMPO PARCIAL

El contrato formativo tendrá por objeto la formación en alternancia con el trabajo retribuido por cuenta ajena o el desempeño de una actividad laboral destinada a adquirir una práctica profesional adecuada a los correspondientes niveles de estudios (art. 11.1 ET).

3.4.1. CONTRATO A TIEMPO PARCIAL DE FORMACIÓN EN ALTERNANCIA

El contrato de formación en alternancia tiene por objeto compatibilizar la actividad laboral retribuida con los correspondientes procesos formativos en el ámbito de la formación profesional, los estudios universitarios o del Catálogo de especialidades formativas del Sistema Nacional de Empleo. Este tipo de contrato se realizará de acuerdo con las reglas establecidas en el art. 11.2 ET, su finalidad es compatibilizar la actividad laboral con los procesos formativos.

En esta modalidad contractual, la jornada será la suma del tiempo de formación teórica y el tiempo de trabajo efectivo en la empresa. Este contrato también se puede realizar a tiempo parcial. El tiempo de trabajo efectivo deberá cumplir los siguientes requisitos:

- Durante el primer año, no podrá ser superior al 65 % de la jornada máxima prevista en el convenio colectivo de aplicación en la empresa, o, en su defecto, de la jornada máxima legal.

- Durante el segundo año, no podrá ser superior al 85 % de la jornada máxima prevista en el convenio colectivo de aplicación en la empresa, o, en su defecto, de la jornada máxima legal.

Esta modalidad contractual está sujeta a las siguientes limitaciones y características:

- No se podrán celebrar contratos formativos en alternancia cuando la actividad o puesto de trabajo correspondiente al contrato haya sido desempeñado con anterioridad por la persona trabajadora en la misma empresa bajo cualquier modalidad por tiempo superior a 6 meses.

- Las personas contratadas con contrato de formación en alternancia no podrán realizar horas complementarias ni horas extraordinarias, salvo en el supuesto previsto en el art. 35.3 ET.

- Tampoco podrán realizar trabajos nocturnos ni trabajo a turnos.

- Se asignarán 2 tutores/as a la persona contratada. Uno por parte del centro o entidad de formación, y otro, por parte de la empresa.

- No se genera derecho a recibir indemnización, art. 49.1.c) ET.

La actividad desempeñada por la persona trabajadora en la empresa deberá estar directamente relacionada con las actividades formativas que justifican la contratación laboral, coordinándose e integrándose en un programa de formación común, elaborado en el marco de los acuerdos y convenios de cooperación suscritos por las autoridades laborales o educativas de formación profesional o universidades con empresas y entidades colaboradoras.

La duración del contrato será la prevista en el correspondiente plan o programa formativo, con un mínimo de 3 meses y un máximo de 2 años[47]. El contrato podrá desarrollarse al amparo de un solo contrato de forma no continuada, a lo largo de diversos periodos anuales coincidentes con los estudios, de estar previsto en el plan o programa formativo.

Ejemplo de formalización de jornada en modelo de contrato de formación en alternancia

SEGUNDA: La jornada total será de (11) .... horas .... De ellas, el número de horas dedicadas a la actividad formativa será de .... horas, que representan un .... por ciento de la jornada máxima prevista en el convenio colectivo de ....

El tiempo efectivo de trabajo se presentará en el horario (12)

La actividad formativa se impartirá de acuerdo al siguiente calendario:

reflejado en el anexo del plan formativo individual.

Fuente: SEPE, Ministerio de trabajo y economía social.

3.4.2. CONTRATO A TIEMPO PARCIAL PARA LA OBTENCIÓN DE LA PRÁCTICA PROFESIONAL

El contrato formativo para la obtención de la práctica profesional posibilita la contratación de personas que tengan un título universitario, de grado medio o superior, especialista, máster profesional o certificado de asistencia de formación profesional, así como con quienes posean un título equivalente de enseñanzas artísticas o deportivas del sistema educativo, que habiliten o capaciten para el ejercicio de la actividad laboral. Este contrato se puede realizar a tiempo parcial. Debe regirse por las siguientes reglas:

---

[47] En caso de que el contrato se hubiera concertado por una duración inferior a la máxima legal establecida y no se hubiera obtenido el título, certificado, acreditación o diploma asociado al contrato formativo, podrá prorrogarse, mediante acuerdo de las partes, hasta la obtención de dicho título, certificado, acreditación o diploma sin superar nunca la duración máxima de 2 años.

- El puesto de trabajo deberá permitir la obtención de la práctica profesional adecuada al nivel de estudios o de formación objeto del contrato. La empresa elaborará el plan formativo individual en el que se especifique el contenido de la práctica profesional, y asignará tutor o tutora que cuente con la formación o experiencia adecuadas para el seguimiento del plan y el correcto cumplimiento del objeto del contrato.

- A la finalización del contrato la persona trabajadora tendrá derecho a la certificación del contenido de la práctica realizada.

Esta modalidad contractual está sujeta a las siguientes limitaciones y características:

- La duración de este contrato no podrá ser inferior a 6 meses ni exceder de 1 año[48].

- Se concertará dentro de los 3 años, o de los 5 años si se concierta con una persona con discapacidad, siguientes a la terminación de los correspondientes estudios.

- No podrá suscribirse con quien ya haya obtenido experiencia profesional o realizado actividad formativa en la misma actividad dentro de la empresa por un tiempo superior a 3 meses, sin que se computen a estos efectos los periodos de formación o prácticas que formen parte del currículo exigido para la obtención de la titulación o certificado que habilita esta contratación.

- En el contrato a tiempo parcial debe figurar el número de horas ordinarias de trabajo diario, semanal, mensual o anual. Del mismo modo, debe reflejar la distribución de las horas de trabajo según lo que se establezca en convenio colectivo. De conformidad con el art. 12.4 ET, si no se cumplen estas exigencias, el contrato se presumirá celebrado a jornada completa, salvo prueba en contrario que acredite el carácter parcial de los servicios.

- Se podrá establecer un periodo de prueba que en ningún caso podrá exceder de 1 mes, salvo lo dispuesto en convenio colectivo.

- No se pueden realizar horas extraordinarias, salvo en el supuesto previsto en el art. 35.3 ET.

---

[48] Dentro de estos límites los convenios colectivos podrán determinar su duración, atendiendo a las características del sector y de las prácticas profesionales a realizar.

Ejemplo de formalización de jornada en modelo de contrato formativo para la obtención de la práctica profesional

SEGUNDA: La jornada de trabajo será (9):

◯ A tiempo completo: la jornada de trabajo será de .... horas semanales, prestadas de ...., a ....,
con los descansos establecidos legal o convencionalmente. (10).

◯ A tiempo parcial: la jornada de trabajo ordinaria será de .... horas ◯ al día, ◯ a la semana, ◯ al mes, ◯ al año (10), siendo
esta jornada inferior a la de un trabajador a tiempo completo comparable (11).

La distribución del tiempo de trabajo será de (12) ....,
conforme a lo previsto en el convenio colectivo.

En el caso de jornada a tiempo parcial señálese si existe o no pacto sobre la realización de horas complementarias (13): ◯ SÍ   ◯ NO

Fuente: SEPE, Ministerio de trabajo y economía social.

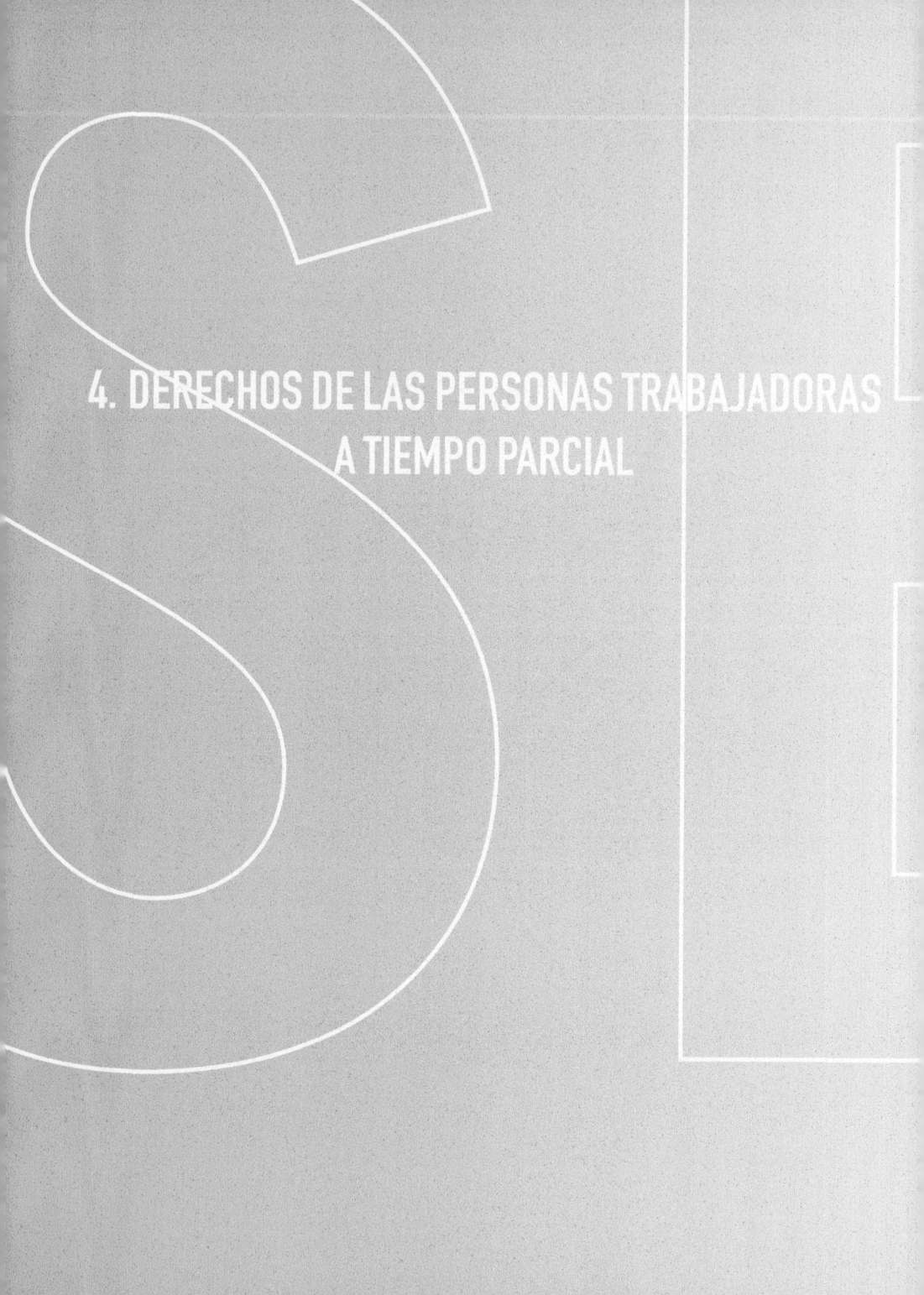

4. DERECHOS DE LAS PERSONAS TRABAJADORAS A TIEMPO PARCIAL

4. DERECHOS DE LAS PERSONAS TRABAJADORAS A TIEMPO PARCIAL

4.1. DERECHOS LABORALES

Las personas trabajadoras a tiempo parcial tienen los mismos derechos que las personas trabajadoras a tiempo completo. Estos derechos, en atención a su naturaleza, son reconocidos en las disposiciones legales y reglamentarias y en los convenios colectivos de manera proporcional, en función del tiempo trabajado, debiendo garantizarse en todo caso la ausencia de discriminación, tanto directa como indirecta, entre mujeres y hombres (art. 12.4 d) ET).

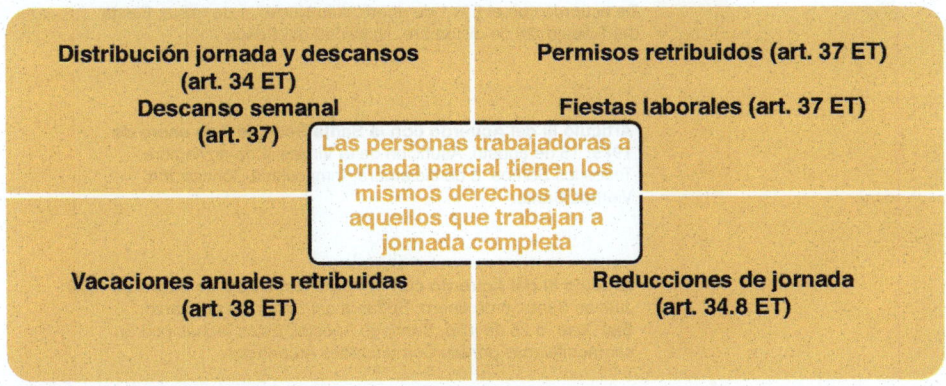

Gráfico núm. 18. Fuente: elaboración propia SEC-UGT.

Fiestas laborales (art. 37 ET)

Las personas trabajadoras a tiempo parcial tienen derecho a disfrutar de las mismas fiestas laborales que las personas trabajadoras a tiempo completo.

Las fiestas laborales, tienen el carácter retribuido y no recuperable, no pudiendo exceder de 14 al año, de las cuales 2 serán de ámbito local. Se garantizan, según lo establecido en el art. 37.2 ET, como festivos nacionales, la Natividad del Señor (25 de diciembre), Año Nuevo (1 de enero), Fiesta del Trabajo (1 de mayo), y Fiesta Nacional de España (12 de octubre). En el caso que algún festivo coincida en domingo, el descanso laboral se trasladará al lunes inmediatamente posterior.

En el art. 45 RD 2001/1983, de 28 de julio[49], se relacionan las fiestas de ámbito nacional, de carácter retribuido y no recuperable, distinguiendo entre las de carácter cívico, las determinadas en el ET y las que son conforme a lo establecido en el art. 3 Acuerdo con la Santa Sede, de 3 de enero de 1979.

A continuación, se referencian:

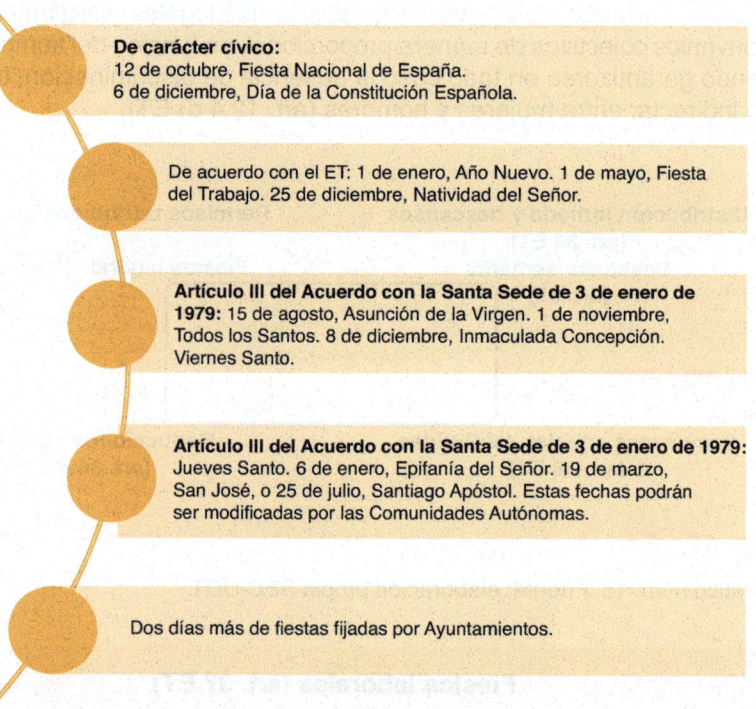

De carácter cívico:
12 de octubre, Fiesta Nacional de España.
6 de diciembre, Día de la Constitución Española.

De acuerdo con el ET: 1 de enero, Año Nuevo. 1 de mayo, Fiesta del Trabajo. 25 de diciembre, Natividad del Señor.

Artículo III del Acuerdo con la Santa Sede de 3 de enero de 1979: 15 de agosto, Asunción de la Virgen. 1 de noviembre, Todos los Santos. 8 de diciembre, Inmaculada Concepción. Viernes Santo.

Artículo III del Acuerdo con la Santa Sede de 3 de enero de 1979: Jueves Santo. 6 de enero, Epifanía del Señor. 19 de marzo, San José, o 25 de julio, Santiago Apóstol. Estas fechas podrán ser modificadas por las Comunidades Autónomas.

Dos días más de fiestas fijadas por Ayuntamientos.

Gráfico núm. 19. Fuente: elaboración propia SEC-UGT.

---

[49] Real Decreto 2001/1983, de 28 de julio, sobre regulación de la jornada de trabajo, jornadas especiales y descansos. BOE 29/07/1983, núm. 180.

Descansos y distribución de jornada (arts. 34 y 37 ET)

Descanso diario

Entre el final de una jornada y el comienzo de la siguiente deben mediar, como mínimo, 12 horas (art. 34.3 ET).

Descanso semanal

Las personas trabajadoras a tiempo parcial tienen derecho a un descanso mínimo semanal, de día y medio ininterrumpido, acumulable por periodos de hasta 14 días. Como regla general, el referido descanso comprenderá la tarde del sábado o, en su caso, la mañana del lunes y el día completo del domingo. La duración del descanso semanal de los menores de 18 años será, como mínimo, de 2 días ininterrumpidos (art. 37.1 ET).

Descanso dentro de la jornada

En aquellos supuestos en los que la jornada diaria continuada exceda de 6 horas, deberá establecerse un periodo de descanso durante la misma de duración no inferior a 15 minutos. Este descanso se considerará tiempo de trabajo efectivo cuando así esté establecido o se establezca por convenio colectivo o contrato de trabajo.

En el caso de las personas trabajadoras menores de 18 años, el periodo de descanso tendrá una duración mínima de 30 minutos, y deberá establecerse siempre que la duración de la jornada diaria continuada exceda de 4 horas y media (art. 34.4 ET).

Permisos retribuidos (art. 37 ET)

Las personas trabajadoras a tiempo parcial, al igual que las personas trabajadoras a tiempo completo, podrán disfrutar de los siguientes permisos, mejorables por convenio colectivo:

- Matrimonio o registro de pareja de hecho (art. 37.3.a) ET): 15 días naturales desde la fecha del matrimonio o inscripción en el registro. Preaviso: con antelación suficiente.

- Accidente/enfermedad grave, hospitalización o cirugía sin ingreso con reposo domiciliario de familiar (hasta 2.º grado o conviviente) (art. 37.3.b) ET): 5 días laborales desde el hecho causante.

- Fallecimiento de familiar (hasta 2.º grado) (art. 37.3.b) bis ET): 2 días naturales desde el fallecimiento (4 días si hay desplazamiento).

- Traslado de domicilio habitual (art. 37.3.c) ET): 1 día, el primer día del traslado.

- Cumplimiento de deber público inexcusable (votar, jurado, etc.) (art. 37.3 ET): tiempo necesario, el día del cumplimiento. Preaviso: con antelación suficiente.

- Funciones sindicales o de representación del personal (art. 37.3.e) ET): tiempo necesario según lo establecido legalmente o en convenio. Hasta 100 personas trabajadoras, 15 horas, de 101 a 250, 20 horas, de 251 a 500, 30 horas y de 501 a 750, 35 horas y de 751 personas trabajadoras en adelante, 40 horas. Preaviso: con antelación suficiente.

- Exámenes prenatales, preparación al parto y sesiones de información y preparación para adopción/acogida (art. 37.3.f) ET): tiempo indispensable, el día de la cita. Preaviso: con antelación suficiente.

- Imposibilidad de acudir al trabajo por fuerza mayor (catástrofe, restricciones de movilidad, etc.) (art. 37.3.g) ET): hasta 4 días desde el hecho causante. El permiso se puede prolongar hasta que desaparezcan las circunstancias que lo justifican, sin perjuicio de que la empresa pueda aplicar una suspensión del contrato de trabajo o una reducción de jornada derivada de fuerza mayor.

- Realización de los actos preparatorios de la donación de órganos o tejidos (siempre que deban tener lugar dentro de la jornada laboral) (art. 37.3.g) ET): tiempo indispensable, el día en que se lleven a cabo. Preaviso: con antelación suficiente.

- Cuidado del lactante (hasta 9 meses) (art. 37.4 ET): 1 hora de ausencia diaria (puede dividirse en 2 fracciones o acumularse en jornadas completas). En casos de nacimiento, adopción, guarda con fines de adopción o acogimiento múltiples se amplía proporcionalmente. Preaviso: con antelación suficiente.

- Nacimiento prematuro o ingreso hospitalario del bebé tras el parto (art. 37.5 ET): hasta 2 horas/día desde el ingreso con disminución proporcional del salario. Preaviso: con antelación suficiente.

- Ausencia por causa de fuerza mayor cuando sea necesario por motivos familiares o convivientes por enfermedad o accidente que hagan indispensable su presencia inmediata (art. 37.9 ET): hasta 4 días retribuidos al año, según convenio o acuerdo con la empresa.

- Asistencia a exámenes y cursos de formación o perfeccionamiento profesional (art. 23.1.c) ET): tiempo necesario, el día del examen/curso. Preaviso: con antelación suficiente.

- Permiso para formación profesional para el empleo, vinculada a la actividad de la empresa, acumulables por un periodo de hasta 5 años (art. 23.1.d ET): 20 horas anuales desde el inicio de la formación. Preaviso: con antelación suficiente.

- Búsqueda de empleo (en supuestos de despido objetivo) (art. 53.4 ET): 6 horas semanales desde el primer día del periodo de preaviso, sin pérdida de retribución.

- Movilidad geográfica (3 meses en población distinta a su domicilio habitual) (art. 40 ET): 4 días laborables en su domicilio de origen cada 3 meses, sin computar como tales los de viaje.

- Ausencia por violencia de género o violencia sexual (art. 37.8 ET): derecho a ausencias sin pérdida de salario, adaptación de jornada o reubicación si es necesario.

- Asistencia a cita médica en horario laboral (no regulado ET): según lo establecido en convenio, el día de la cita. Puede ser retribuido si lo contempla el convenio colectivo de aplicación. Preaviso: con antelación suficiente.

Vacaciones anuales (art. 38 ET)

El periodo de vacaciones anuales retribuidas no es sustituible por compensación económica, y será el pactado en el convenio colectivo que resulte de aplicación o bien en el contrato individual. En ningún caso la duración puede ser inferior a 30 días naturales.

El periodo o periodos de su disfrute se fijan de común acuerdo entre el empresario y la persona trabajadora, de conformidad con lo establecido en su caso en los convenios colectivos sobre planificación anual de las vacaciones.

El calendario de vacaciones se fija en cada empresa. La persona trabajadora conocerá las fechas que le correspondan al menos 2 meses antes del comienzo de su disfrute.

Cuando el periodo de vacaciones fijado en el calendario de la empresa coincida en el tiempo con una incapacidad temporal derivada del embarazo, el parto o la lactancia natural o con el periodo de suspensión del contrato de trabajo previsto en los supuestos de nacimiento, adopción o riesgo durante el embarazo del art. 48 ET, la persona trabajadora tendrá derecho a disfrutar las vacaciones en fecha distinta a la de la incapacidad temporal o a la del disfrute del permiso que le pertenezca, al finalizar el periodo de suspensión, aunque haya terminado el año natural al que correspondan.

Si el periodo de vacaciones coincide con una incapacidad temporal por otras contingencias, que imposibilite a la persona trabajadora disfrutarlas, total o parcialmente, durante el año natural a que corresponden, esta podrá hacerlo una vez finalice su incapacidad y siempre que no hayan transcurrido más de 18 meses a partir del final del año en que se originaron.

Adaptación de jornada por conciliación de la vida familiar y laboral (art. 34.8 ET y 37.6 y 7 ET)

Las personas trabajadoras, incluidas las contratadas a tiempo parcial, tienen derecho a solicitar las adaptaciones de la duración y distribución de la jornada de trabajo, en la ordenación del tiempo de trabajo y en la forma de prestación, incluida la prestación de su trabajo a distancia. Con el fin de hacer efectivo su derecho a la conciliación de la vida familiar y laboral.

Las adaptaciones que se soliciten deben ser razonables y proporcionadas, teniendo en consideración las necesidades de la persona trabajadora, así como las necesidades organizativas o productivas de la empresa.

La persona trabajadora deberá comunicar su solicitud con una antelación mínima de 15 días, salvo que mediante convenio colectivo se establezca un plazo distinto. En dicha comunicación, se indicará la fecha de inicio y finalización de la adaptación solicitada.

En caso de desacuerdo entre empresa y persona trabajadora sobre la concreción horaria o los periodos de disfrute, la cuestión podrá someterse a la jurisdicción social.

¿Quiénes tienen derecho a solicitar la adaptación de la jornada laboral? (art. 34.8 ET)

- **Personas trabajadoras que tengan hijos/as menores de 12 años.**

- Personas trabajadoras que tengan necesidades de cuidado respecto de los hijos/as mayores de 12 años, el cónyuge o pareja de hecho, familiares por consanguinidad hasta el segundo grado o de otras personas dependientes cuando, por razones de edad, accidente o enfermedad no puedan valerse por sí mismos.

¿Condiciones de la solicitud?
- Razonables y proporcionadas.
- Justificadas.

Gráfico núm. 20. Fuente: elaboración propia SEC-UGT.

Las personas trabajadoras que tengan la consideración de víctimas de violencia de género, de violencia sexual o de víctimas del terrorismo tendrán derecho, para hacer efectiva su protección o su derecho a la asistencia social integral, a la reordenación del tiempo de trabajo, a través de la adaptación del horario, de la aplicación del horario flexible o de otras formas de ordenación del tiempo de trabajo que se utilicen en la empresa. También, tendrán derecho a realizar su trabajo total o parcialmente a distancia o a dejar de hacerlo si este fuera el sistema establecido, siempre que en ambos casos esta modalidad de prestación de servicios sea compatible con el puesto y funciones desarrolladas por la persona.

Estos derechos se podrán ejercitar en los términos que para estos supuestos concretos se establezcan en los convenios colectivos o en los acuerdos entre la empresa y la RLPT, o conforme al acuerdo entre la empresa y las personas trabajadoras afectadas. En su defecto, la concreción de estos derechos corresponderá a estas (art. 37.8 ET).

Reducciones de jornada (art. 37 ET)

Las personas trabajadoras a tiempo parcial, al igual que las personas trabajadoras a tiempo completo, tienen derecho a solicitar la reducción de jornada en los siguientes supuestos:

CAUSA	REDUCCIÓN	DURACIÓN	SALARIO
CUIDADO DEL LACTANTE MENOR	Media hora diaria de la jornada. Acumulación.	Hasta que el menor cumpla 9 meses.	Permiso remunerado.
CUIDADO DE MENOR, PERSONA CON DISCAPACIDAD O FAMILIAR	Entre 1/8 de la jornada y la mitad de la misma.	En caso de menores hasta que cumplan 12 años. En el resto de supuestos, hasta que cese el hecho causante.	Disminución proporcional.
CUIDADO DE MENOR AFECTADO POR CÁNCER O CUALQUIER OTRA ENFERMEDAD GRAVE	Al menos la la jornada.	Hasta que desaparecen las causas que motivan solicitud. Cumplidos los 18 años, se puede reconocer la reducción hasta que el causante cumpla 23 años en los supuestos en que el padecimiento de cáncer o enfermedad grave haya sido diagnosticado antes de alcanzar la mayoría de edad. Se mantiene el derecho a esta reducción hasta que la persona cumpla 26 años si antes de alcanzar 23 años acredita un grado de discapacidad igual o superior al 65 %.	Disminución proporcional. 4 días si se necesita desplazamiento.
CUIDADO DE HIJOS PREMATUROS U HOSPITALIZADOS TRAS PARTO	Hasta un máximo de 2 horas diarias.	Hasta que el hijo sea dado de alta.	Disminución proporcional.
PERSONAS TRABAJADORAS VÍCTIMAS DE VIOLENCIA DE GÉNERO.	Conforme a lo establecido en la NC o los acuerdos alcanzados entre la empresa y la RLPT, o la empresa y la trabajadora	Hasta que cese la necesidad de protección o de asistencia social integral.	Disminución proporcional.

Cuadro núm. 3. Fuente: elaboración propia SEC-UGT.

4.2. DERECHOS BÁSICOS

Junto a los derechos laborales mencionados, el art. 4 ET reconoce a todas las personas trabajadoras, incluidas las contratadas a tiempo parcial, los siguientes derechos fundamentales inespecíficos que se enumeran a continuación.

Derechos básicos

- Trabajo y libre elección de profesión u oficio
- Libre sindicación
- Negociación colectiva
- Adopción de medidas de conflicto colectivo
- Huelga
- Reunión
- Información, consulta y participación en la empresa

Derechos en la relación de trabajo

- A la ocupación efectiva.
- A la promoción y formación profesional en el trabajo.
- A no ser discriminadas directa o indirectamente para el empleo o, una vez empleadas, por razones de estado civil, edad dentro de los límites marcados por esta ley, origen racial o étnico, condición social, religión o convicciones, ideas políticas, orientación sexual, identidad sexual, expresión de género, características sexuales, afiliación o no a un sindicato, por razón de lengua dentro del Estado español, discapacidad, así como por razón de sexo, incluido el trato desfavorable dispensado a mujeres u hombres por el ejercicio de los derechos de conciliación o corresponsabilidad de la vida familiar y laboral.
- A su integridad física y a una adecuada política de prevención de riesgos laborales.
- Al respeto de su intimidad y a la consideración debida a su dignidad, comprendida la protección frente al acoso por razón de origen racial o étnico, religión o convicciones, discapacidad, edad u orientación sexual, y frente al acoso sexual y al acoso por razón de sexo.
- A la percepción puntual de la remuneración pactada o legalmente establecida.
- Al ejercicio individual de las acciones derivadas de su contrato de trabajo.
- A cuantos otros se deriven específicamente del contrato de trabajo.

Gráfico núm. 21.
Fuente: elaboración propia SEC-UGT.

4.3. PRINCIPIOS DE IGUALDAD, PROPORCIONALIDAD Y NO DISCRIMI-NACIÓN

4.3.1. PRINCIPIO DE IGUALDAD

El art. 12.4. d) ET establece que la regla general es que las personas trabaja-doras a tiempo parcial tienen los mismos derechos que las de a tiempo completo (principio de igualdad), para a continuación, establecer una matización: cuando corresponda en atención a su naturaleza, tales derechos serán reconocidos en las disposiciones legales y reglamentarias y en los convenios colectivos de ma-nera proporcional, en función del tiempo trabajado.

En lo que respecta a las condiciones de empleo, no puede tratarse a las per-sonas trabajadoras a tiempo parcial de una manera menos favorable que a las personas trabajadoras a tiempo completo comparables por el simple motivo de que trabajen a tiempo parcial, a menos que se justifique un trato diferente por ra-zones objetivas[50].

> **STSJ Galicia núm. 203/2025, de 20 de enero: la diferencia de las con-diciones de trabajo entre personas trabajadoras a tiempo parcial y a tiempo completo, debe basarse en datos objetivos.**
>
> *«Si bien la duración de la jornada es un factor que puede justificar deter-minadas diferencias en las condiciones de trabajo, éstas han de tener ne-cesariamente su origen en datos objetivos relacionados con la duración de la jornada o el régimen jurídico específico del contrato a tiempo parcial, no resultando compatible con esta Directiva, ni tampoco con el artículo 14 de la Constitución y con los artículos 4.2. c), 12.4. d) y 17.1 del Estatuto de los Trabajadores, un distinto tratamiento en relación con ámbitos con-cretos de las condiciones de trabajo, en perjuicio de los trabajadores a tiempo parcial, sin apoyo en datos objetivos».*

---

[50] Cláusula 4.ª de la Directiva 97/81/CE, del Consejo de 15 de diciembre.

4.3.2. PRINCIPIO DE PROPORCIONALIDAD O PRINCIPIO DE PRO-RATA TEMPORIS

La aplicación del principio de igualdad se asienta en la dispensa de un igual trato a la persona trabajadora a tiempo parcial que a la contratada a tiempo completo, quedando justificado un trato diferenciado cuando sean derechos cuyo reconocimiento (en su existencia misma o extensión) dependan del tiempo trabajado y aplicando el tiempo de trabajo de unos y otros como regla de proporcionalidad.

> **SAN núm. 54/2023, de 24 de abril: solo puede otorgarse un trato diferenciado si existe una verdadera necesidad y si resulta preciso para alcanzar el fin perseguido.**
>
> *«El distinto trato dispensado a los trabajadores a tiempo parcial exige que esté basado en razones objetivas que lo justifiquen por la existencia de elementos precisos y concretos que caracterizan la condición de empleo de que se trata, en el contexto específico en que se enmarca y con arreglo a criterios objetivos y transparentes, a fin de verificar si dicha desigualdad responde a una necesidad auténtica, si permite alcanzar el objetivo perseguido y si resulta indispensable al efecto».*

Una vez que se acredita la existencia de causas objetivas que permiten un diferente trato a las personas trabajadoras a tiempo completo y a las contratadas a tiempo parcial, con carácter general, no concurre discriminación entre personas trabajadoras a tiempo completo y a tiempo parcial cuando los derechos de estas últimas se aplican de manera proporcional al tiempo trabajado.

Aquellos derechos cuyo disfrute se ve afectado por la menor duración de la jornada de trabajo, se denominan derechos cuantificables (el beneficio es susceptible de algún tipo de medición), y se reconocen a las personas trabajadoras por tiempo parcial de manera proporcional al tiempo trabajado.

Cuando el derecho es, por su naturaleza, indivisible (no cuantificable), se aplicará a las personas trabajadoras en plenitud, es decir, de igual forma que se les aplica a las personas contratadas a tiempo completo.

> **SAN núm. 54/2023, de 24 de abril: el principio de proporcionalidad solo se aplicará cuando el derecho sea medible.**
>
> *«Es criterio de la Sala que la equiparación entre trabajadores fijos y traba-jadores a tiempo parcial debe ser plena, cuando el derecho en juego sea indivisible, mientras que deberán reconocerse proporcionalmente, cuando los derechos sean medibles en función del tiempo de trabajo, considerán-dose que ese es el factor decisivo, sin que sea relevante que el convenio colectivo no haya distinguido entre una clase y otra (…)».*

4.3.3. PRINCIPIO DE NO DISCRIMINACIÓN

Como ya hemos expuesto, con el fin de regular el trabajo a tiempo parcial y establecer mecanismos de garantía en orden a lograr paliar la discriminación in-directa, se publicó el Real Decreto Ley 6/2019, de 1 de marzo[51], que modificó el art. 12.4. d) ET. Esta modificación reguló la necesitada mención de forma expresa a la discriminación, tanto directa como indirecta, por razón de género en la apli-cación del principio de proporcionalidad de los derechos de las personas traba-jadoras a tiempo parcial.

La discriminación indirecta se produce cuando una disposición, criterio o prác-tica aparentemente neutros ocasiona o puede ocasionar a una o varias personas una desventaja particular con respecto a otras por razón, entre otras, de sexo.

A partir de esta nueva garantía legal, nuestros tribunales no sólo deben re-solver sobre si en relación al derecho que se reclama debe aplicarse el principio de proporcionalidad para su concreción, sino si la aplicación de la regla de *pro-rata temporis* puede suponer, dada la alta presencia de empleo femenino en la contratación a tiempo parcial, una diferencia de trato entre los hombres y mujeres que prestan sus servicios en la empresa donde exista el conflicto que impida la igualdad plena y efectiva entre ambos sexos.

---

[51] Real Decreto Ley 6/2019, de 1 de marzo, de medidas urgentes para garantía de la igualdad de trato y de oportunidades entre mujeres y hombres en el empleo y la ocupación. BOE 07/03/2019, núm. 57.

STSJ Cataluña núm. 4651/2023, de 17 de julio: en la aplicación del principio de proporcionalidad debe garantizarse el principio de no discriminación.

«(…) se hace preciso prestar una mayor atención al principio de proporcionalidad para garantizar la efectiva equiparación, o igualdad, de los derechos de las personas trabajadoras a tiempo parcial y a tiempo completo. El equilibrio entre los principios de igualdad y proporcionalidad ha venido siendo, y es, uno de los principales litigios planteados por los trabajadores a tiempo parcial, porque la dificultad se pone de manifiesto en el mismo momento de valorar si la reducción de derechos conforme a la inferior jornada realizada se aplica de forma proporcionada y siempre teniendo presente que la mayoría de estos contratos se han formalizado con mujeres».

4.3.4. ALGUNAS RESOLUCIONES JUDICIALES

La mayor parte de los litigios planteados en sede judicial por las personas trabajadoras a tiempo parcial, consisten en determinar cuál de los 2 principios, igualdad o proporcionalidad, es de aplicación al derecho cuyo ejercicio se reclama. A modo de ejemplo, los tribunales han resuelto sobre las siguientes materias:

Salario

STS núm. 790/2019, de 19 de noviembre: salario y trienios.

«El principio de no discriminación entre los trabajadores a tiempo parcial y los trabajadores a tiempo completo se aplica a las condiciones de empleo, entre las que figura la retribución, que incluye los trienios, por lo que la retribución de los trabajadores a tiempo parcial debe ser la misma que la de los trabajadores a tiempo completo, sin perjuicio de la aplicación del principio pro rata temporis».

Permiso lactancia

STS núm. 986/2023, de 21 de noviembre: aplicación del permiso de lactancia.

La finalidad del permiso de lactancia (art 37.4 ET) es atender a las necesidades nutricionales que requiere la crianza de los menores de 9 meses, que son las mismas, sea cual sea la jornada de trabajo de sus progenitores.

El derecho a ausentarse 1 hora del puesto de trabajo debe aplicarse exactamente por igual a todas las personas trabajadoras que solicitan el permiso de lactancia, ya sean a tiempo completo o parcial, sin que quepa una reducción proporcional a la menor duración de la jornada.

Vacaciones

STS núm. 936/2020, de 22 de octubre: duración y retribución de las vacaciones en contratos a tiempo parcial.

El convenio de aplicación de las personas trabajadoras afectadas por el conflicto contempla el derecho a unas vacaciones anuales retribuidas de 22 días laborables y que el periodo de disfrute de las vacaciones será normalmente del 1 de junio al 30 de septiembre. Para los supuestos en los que no se disfruten las vacaciones en tales términos, establece como compensación disfrutar de otros 10 días naturales de vacaciones y a la percepción de una compensación única anual de 115,79 euros.

La resolución determina que, «*constatado que, los trabajadores fijos discontinuos, por la propia naturaleza de su actividad, no pueden disfrutar sus vacaciones en las fechas pactadas, procede, de conformidad con lo dispuesto en el art. 12.4.d) ET reconocerles el derecho a disfrutar de las compensaciones convencionales de manera proporcional al tiempo trabajado, puesto que, si las vacaciones de los trabajadores a tiempo parcial están anudados necesariamente a la jornada realizada, debe suceder lo mismo con los días suplementarios de vacaciones, así como las cantidades a compensar, al tratarse de derechos manifiestamente medibles*».

Si se admitiese que la retribución de las vacaciones de las personas trabajadoras a tiempo parcial estuviese condicionada por la jornada que realicen en el momento del disfrute de las vacaciones, mientras que al personal a tiempo completo se les garantiza la retribución ordinaria o habitual percibida a lo largo del año, se estaría infringiendo el principio de no discriminación.

La resolución declara el derecho de las personas trabajadoras a tiempo parcial que amplían jornada, a que se retribuyan sus vacaciones de acuerdo con la jornada y retribución habituales, computando en esta retribución las ampliaciones de jornada realizadas a lo largo del año.

Pluses

A priori, no puede establecerse de manera categórica que pluses se ven o no afectados por la duración de la jornada, y se deberá acudir a lo que determine el convenio colectivo de aplicación.

Cuando existe conflicto sobre la interpretación del convenio, o cuando este no señala expresamente qué pluses deben abonarse en proporción a las horas trabajadas y cuáles no, deberá acudirse a los tribunales, partiendo de la base jurisprudencial de que el silencio convencional, no significa que se tenga que aplicar el principio de igualdad en términos absolutos.

La jurisprudencia en esta materia es abundante y compleja, y cada pronunciamiento judicial, depende de las circunstancias concretas examinadas en cada caso, por lo que un determinado plus puede tener diferente causa o naturaleza en 2 trabajos distintos.

Algunos de estos ejemplos son:

Aplicación del principio de proporcionalidad

Plus de vestuario

STSJ Cataluña núm. 5575/2017, de 26 de noviembre: plus vestuario.

El complemento compensa el deterioro de las prendas de vestir, que está conectado, forzosamente, con el tiempo que se usan. Sentada la naturaleza indemnizatoria del plus vestuario, su abono en proporción a la jornada realizada por el contratado a tiempo parcial no puede considerarse contraria a derecho por discriminatoria tal y como ya se pronunció el TS, en su STS de 10 junio 2014 (rec. núm. 209/2013).

Complemento por hijo a cargo

STS núm. 229/2024, de 7 febrero: aplicación del principio *pro rata temporis.*

«El principio pro rata temporis, *ha sido interpretado por el TJUE, entre otras en la STJUE de 5 de noviembre de 2014, C-476/12, conforme al que el carácter adecuado de la aplicación del citado principio dependerá de la naturaleza retributiva contractual o prestacional pública, así como de la divisibilidad de la retribución: (...) dado que el complemento por hijo a cargo forma parte de la retribución del trabajador, está determinado por los términos de la relación laboral convenidos entre éste y el empresario. De ello se deduce que, si, según los términos de esta relación laboral, el trabajador está contratado a tiempo parcial, debe considerarse que el cálculo del complemento por hijo a cargo en virtud del principio de* pro rata temporis *está objetivamente justificado (...)».*

«La naturaleza de la prestación controvertida en el litigio principal no puede obstar a la aplicación de la cláusula 4, apartado 2, del Acuerdo marco sobre el trabajo a tiempo parcial, dado que el complemento por hijo a cargo, al formar parte de las ventajas abonadas en metálico al trabajador, es una prestación divisible».

Otros ejemplos jurisprudenciales donde se ha aplicado la regla de la proporcionalidad en relación con el tiempo de trabajo han sido:

PLUSES	APLICACIÓN PRINCIPIO PROPORCIONALIDAD
Plus de antigüedad	STS de 25-05-2004 (rec. núm. 61/2003), STS de 21-01-2005 (rec. núm. 24/2003) y STS de 15-03-2005 (rec. núm. 10/2003)
Permisos por asuntos propios	STS de 5-09-2006 (rec. núm. 103/2005)
Ayudas sociales	STS de 05-05-2006 (rec. núm. 18/2005)
Plus de penosidad	STS de 24-07-2007 (rec. núm. 73/2006)

Cuadro núm. 4. Fuente: elaboración propia SEC-UGT.

No aplicación del principio de proporcionalidad

Plus transporte

> **STSJ Cataluña núm. 5575/2017, de 26 de noviembre: gastos de desplazamiento y medios de transporte.**
>
> Conforme al convenio, la razón que justifica el abono de la compensación son los gastos de desplazamiento y medios de transporte dentro de la localidad, así como desde el domicilio a los centros de trabajo y su regreso. Quien trabaja a tiempo parcial asume los mismos costes por su asistencia al trabajo que quien trabaja a jornada completa:
>
> *«por lo que en éste caso no cabe alegar como lógica regla de proporcionalidad la ratio entre jornada parcial y jornada completa para establecer una diferencia de trato por este motivo, argumento que escapa a toda razonabilidad y constituye una vulneración del principio de no discriminación salvaguardado por las normas comunitarias (…)».*

Plus de asistencia

STS núm. 1031/2024, de 17 de julio: prima de asistencia del convenio colectivo de empresa.

La naturaleza del complemento no está vinculada a la mayor o menor duración de la jornada, debe abonarse en la misma cantidad. El plus retribuye la asistencia al puesto de trabajo y su finalidad se cumple con la mera asistencia, con independencia de que la persona trabajadora realice una jornada completa o a tiempo parcial.

Otros ejemplos jurisprudenciales donde no se ha aplicado la regla de la proporcionalidad en relación al tiempo de trabajo han sido:

PLUSES	NO APLICACIÓN PRINCIPIO PROPORCIONALIDAD. ABONO ÍNTEGRO DE PLUSES
Plus quebranto de moneda	STS de 01-10-2020 (rec. núm. 238/2018) y STS de 20-03-2024 (rec. núm. 235/2021)
Plus de conservación de material	STS de 01-10-2020 (rec. núm. 238/2018)
Ayuda escolar	STSJ Málaga de 03-02-2021 (rec. núm. 61/2021)
Indemnizaciones por seguro de vida	STS de 11-05-1998 (rec. núm. 61/2021)

Cuadro núm. 5. Fuente: elaboración propia SEC-UGT.

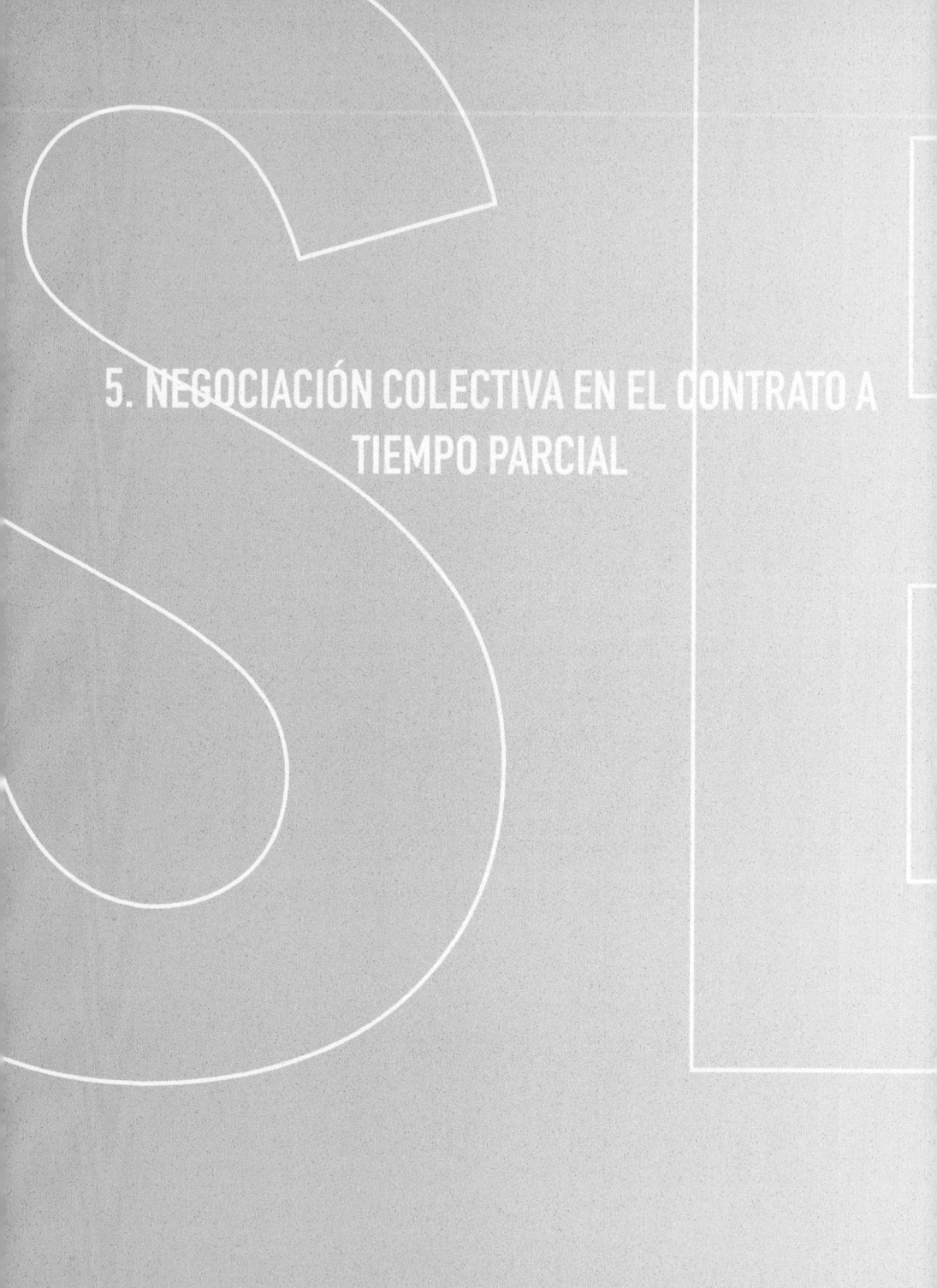

5. NEGOCIACIÓN COLECTIVA EN EL CONTRATO A TIEMPO PARCIAL

5. NEGOCIACIÓN COLECTIVA EN EL CONTRATO A TIEMPO PARCIAL

La negociación colectiva en los contratos a tiempo parcial desempeña un papel clave para asegurar que las personas trabajadoras en esta modalidad cuenten con condiciones laborales justas y equitativas, equiparables a las de quienes tienen los contratos a tiempo completo. Se pueden abordar aspectos fundamentales como el salario, la jornada laboral y la conciliación entre la vida laboral y personal. Por ello, es necesario analizar cómo los convenios colectivos pueden equilibrar las necesidades de organización de los empleadores con los derechos laborales de las personas trabajadoras.

En este sentido, el V Acuerdo para el Empleo y la Negociación Colectiva (AENC)[52] reconoce el contrato a tiempo parcial como una opción válida para mantener un sistema de contratación que fomente la estabilidad laboral. Se destaca que el contrato a tiempo parcial indefinido puede ser una herramienta eficaz para satisfacer las necesidades de flexibilidad tanto de los trabajadores/as como de las empresas.

Por lo tanto, para garantizar que esta modalidad cumpla con sus objetivos de manera efectiva, es fundamental que los convenios colectivos incluyan y promuevan aquellas materias que se pueden desarrollar y mejorar a través de la negociación colectiva:

---

[52] V Acuerdo para el Empleo y la Negociación Colectiva, BOE 31/05/2023, núm. 129.

NEGOCIACIÓN COLECTIVA

Art. 12.4.b) ET

Existe la posibilidad de ampliar el número de interrupciones en la jornada, cuando ésta se lleve a cabo de forma partida. No obstante, la NC debe adoptar esta medida exclusivamente en aquellos supuestos en los que sea necesario por la actividad y resulte positivo para las personas trabajadoras.

Art. 12.4.e) ET

Procedimiento para la formulación de solicitudes de conversión voluntaria de un trabajo a tiempo completo en otro a tiempo parcial y viceversa. Procedimiento para el incremento del tiempo de trabajo.

Art. 12.4.f) ET

Medidas para facilitar el acceso efectivo a la formación profesional continua.

Art. 12.5.c) ET

Porcentaje máximo de horas complementarias, sin exceder del 60 % de las horas ordinarias contratadas ni ser inferior al 30 % de las mismas.

Art. 12.5.d) ET

Plazo de preaviso de realización de horas complementarias.

Art. 12.5.g) ET

Porcentaje máximo de horas complementarias de aceptación voluntaria, sin superar el 30 % de las horas ordinarias contratadas.

Cuadro núm. 6. Fuente: elaboración propia SEC-UGT.

5.1. AMPLIACIÓN DE INTERRUPCIONES EN LAS JORNADAS PARTIDAS

La jornada laboral en el contrato a tiempo parcial puede ser tanto continuada como partida. En el caso de que la persona realice una jornada diaria inferior a la de las personas trabajadoras a tiempo completo y esta jornada sea partida, solo se permitirá una única interrupción, salvo disposición contraria en el convenio colectivo (art. 12.4.b) ET).

La normativa permite que los trabajadores/as a tiempo parcial desempeñen sus funciones bajo la modalidad de jornada partida. En cuanto a las interrupciones que se puedan producir durante la jornada, se contemplan 2 supuestos[53]:

a) **Cuando la distribución de la jornada diaria sea similar a la de una persona trabajadora a tiempo completo**. En este caso, no se presentan particularidades. Las interrupciones que se generen serán las mismas que las contempladas para las personas trabajadoras a tiempo completo.

b) **Cuando la jornada diaria sea inferior a la de una persona trabajadora a tiempo completo**. En estos supuestos, salvo que el convenio colectivo disponga lo contrario, solo se permitirá **una única interrupción durante la jornada**. Esta restricción tiene como objetivo evitar que una persona trabajadora a tiempo parcial, cuya jornada diaria es reducida en comparación con la jornada completa establecida en la empresa, se vea obligado/a a permanecer todo el día a disposición de la empresa, lo que impediría la realización de otras actividades personales o laborales durante el tiempo no trabajado.

Ejemplos de convenios colectivos que regulan la jornada continua en contratos a tiempo parcial

Convenio colectivo del sector de grandes almacenes[54]. Art. 27.

Distribución de la jornada: «*27.5. La jornada ordinaria correspondiente a las personas trabajadoras a tiempo parcial que no exceda de 4 horas, se realizará de forma continuada*».

---

[53] CISS Laboral, «*Jornada partida en el contrato a tiempo parcial*». Aranzadi La Ley, 2025.
[54] Convenio colectivo del sector de grandes almacenes, BOE 09/06/2023, núm. 137.

Convenio colectivo nacional para las empresas dedicadas a los servicios de campo, para actividades de reposición y servicios de marketing operacional[55]. Art. 33.

Jornada: «*(...) Cuando la jornada sea partida, ésta no podrá dividirse en más de dos periodos, debiendo mediar entre ambos un mínimo de una hora y un máximo de tres.*

La jornada correspondiente a las personas trabajadoras a tiempo parcial que no exceda de cuatro horas, se realizará de forma continuada».

En el siguiente supuesto práctico se analiza la validez de un acuerdo sobre la distribución de la jornada laboral a tiempo parcial, específicamente en cuanto a la posibilidad de realizar varias interrupciones en la jornada, comparado con la organización de la jornada de las personas trabajadoras a tiempo completo según lo establecido[56].

Supuesto práctico: interrupción de jornada en contrato a tiempo parcial

En una empresa, una persona trabajadora con contrato a tiempo parcial acuerda con la compañía una jornada laboral de 6 horas diarias, que incluye 2 pausas de 2 horas cada una. En cambio, las personas trabajadoras a tiempo completo de la misma empresa tienen una jornada diaria de 8 horas, que se distribuye de manera partida.

Pregunta: ¿Es válido este acuerdo sobre la jornada laboral?

Solución: Este acuerdo no es válido, salvo que el convenio colectivo aplicable lo autorice expresamente. En términos generales, si el contrato a tiempo parcial supone una jornada diaria más corta que la de las personas trabajadoras a tiempo completo y se organiza de forma partida, solo estaría permitida una interrupción de la jornada diaria.

---

[55] Convenio colectivo nacional para las empresas dedicadas a los servicios de campo, para actividades de reposición y servicios de marketing operacional, BOE 11/06/2021, núm. 139.
[56] CISS Laboral, «*Jornada partida en el contrato a tiempo parcial*». Aranzadi La Ley, 2025.

5.2. PROCEDIMIENTO PARA SOLICITAR LA CONVERSIÓN ENTRE JORNADA COMPLETA Y PARCIAL O LA MODIFICACIÓN DE LA JORNADA

El art. 12.4.e) ET establece el procedimiento para solicitar la conversión de la jornada laboral entre modalidad completa y parcial, así como para pedir un ajuste en el tiempo de trabajo. Este cambio debe ser siempre voluntario para la persona trabajadora, quien tiene derecho a rechazar la propuesta de modificación del contrato.

Conviene que el convenio colectivo incluya aspectos como:

- **Procedimiento de solicitud**: pasos a seguir por parte de la persona trabajadora interesada o la empresa, plazos y documentación requerida.

- **Criterios de selección**: prioridades o condiciones que pueden aplicarse en caso de que haya más solicitudes que vacantes disponibles. Como, por ejemplo: antigüedad o formación. Algunos convenios colectivos consideran necesario emplazar a la RLPT para que emitan informe sobre la idoneidad de la persona trabajadora para el puesto.

- **Condiciones laborales**: detalles sobre cómo se ajustarán las condiciones laborales, incluyendo salario, beneficios sociales y horarios.

Ejemplos de convenios colectivos que regulan la conversión entre jornada completa y parcial o el incremento del tiempo de trabajo

IX Convenio colectivo de enseñanza y formación no reglada[57]. Art. 8.a)

«La conversión de un trabajo a tiempo completo en un trabajo parcial y viceversa tendrá siempre carácter voluntario para el trabajador y no se podrá imponer de forma unilateral o como consecuencia de una modificación sustancial de condiciones de trabajo al amparo de lo dispuesto en el artículo 41.1.a) del ET. El trabajador no podrá ser despedido ni sufrir ningún otro tipo de sanción o efecto perjudicial por el hecho de rechazar esta conversión, sin perjuicio de las medidas que, de conformidad con lo dispuesto en los artículos 51 y 52.c) del ET, puedan adoptarse por causas económicas, técnicas, organizativas o de producción».

---

[57] IX Convenio colectivo de enseñanza y formación no reglada. BOE 28/10/2021, núm. 258.

Los trabajadores a tiempo parcial tendrán preferencia a ocupar los puestos vacantes a tiempo completo, o ampliar su jornada hasta el máximo establecido para su puesto de trabajo si a juicio de la Dirección de la empresa y oídos los representantes de los trabajadores, poseen la capacidad, titulación e idoneidad requerida para dicho puesto vacante».

Convenio colectivo del sector de comercio de alimentación de la provincia de A Coruña para los años 2022-2025[58]. Art. 7. d)

«Con el objetivo de que las personas trabajadoras contratadas a tiempo parcial, que estén interesadas, puedan pasar a jornada completa, se creará en cada empresa una lista de personas trabajadoras interesadas en ampliar jornada laboral, cumpliendo los siguientes requisitos:

1.º La persona trabajadora interesada deberá de solicitar por escrito a la empresa su intención de pasar de jornada a tiempo parcial a jornada a tiempo completo.

2.º Las solicitudes recibidas se ordenarán en función de la fecha que conste en su solicitud, configurando una lista perpetua.

3.º Cuando exista una vacante en la empresa, ésta ofrecerá a la primera persona trabajadora de la lista, por orden de antigüedad de la fecha de solicitud, que encaje con el perfil profesional del solicitante, tanto por la necesaria titulación como experiencia y capacitación profesional, siempre que su cobertura no sea de urgente necesidad».

---

[58] BOP A Coruña 31/ 10/2022, núm. 206.

Ejemplo para la negociación colectiva: regulación del procedimiento para modificación de jornada por parte de la persona trabajadora

Modificación de la jornada laboral

1. Las personas trabajadoras podrán solicitar la modificación de su jornada laboral por motivos personales o familiares. Dicha solicitud podrá incluir:

Reducción de jornada: para conciliar la vida familiar, en casos de cuidado de hijos menores, familiares dependientes o situaciones de salud personal.

Ampliación de jornada: si una persona trabajadora tiene un contrato parcial y desea ampliar su jornada a tiempo completo.

2. Las modificaciones en la jornada deberán ser acordadas por ambas partes (persona trabajadora y empresa) y siempre estarán sujetas a la viabilidad operativa del servicio.

3. La empresa fomentará la flexibilidad horaria dentro de las opciones laborales disponibles.

4. Las solicitudes de modificación de jornada deberán presentarse por escrito y serán voluntarias tanto para la persona trabajadora como para la empresa. La solicitud debe ser evaluada en un plazo máximo de (…) días hábiles desde su presentación.

5. En el caso de que una persona trabajadora desee ampliar su jornada laboral (de parcial a completa), la solicitud será evaluada según las vacantes disponibles o la necesidad de personal en los diferentes departamentos de la empresa.

Procedimiento para solicitar modificación de jornada

1. Las solicitudes de modificación de jornada deberán presentarse en formato escrito a la dirección de recursos humanos, especificando el tipo de cambio solicitado (reducir o ampliar jornada, modificar horario, etc.), la justificación y la fecha de inicio deseada.

2. Una vez recibida la solicitud, la empresa dispone de un plazo de (…) días laborales para notificar la aceptación o rechazo, basándose en la viabilidad operativa. En casos de rechazo, la empresa deberá proporcionar una justificación detallada. La decisión adoptada deberá ser informada a la RLTP.

3. La solicitud será evaluada con el objetivo de buscar una solución que permita conciliar las necesidades de la persona trabajadora con las exigencias del servicio.

Es importarte recordar que, conforme al art. 41.1.a) ET, las empresas no tienen la facultad de imponer, de manera unilateral o como resultado de una modificación sustancial de las condiciones laborales, el cambio de un contrato a tiempo completo a uno a tiempo parcial, ni a la inversa.

5.3. MEDIDAS PARA FACILITAR EL ACCESO EFECTIVO A LA FORMACIÓN PROFESIONAL CONTINUA

En un entorno laboral cada vez más dinámico y competitivo, la formación profesional continua se ha convertido en un pilar fundamental para la empleabilidad y el desarrollo de las personas trabajadoras (art. 12.4.f) ET). Para garantizar un acceso equitativo y efectivo a esta formación, es esencial implementar medidas que promuevan la participación activa de los trabajadores/as en programas de capacitación y que, al mismo tiempo, faciliten la integración de la formación continua en los entornos laborales[59], estas medidas deben prever las circunstancias de los trabajadores/as a tiempo parcial.

---

[59] Recuperado de:
https://www.lamoncloa.gob.es/presidente/actividades/Documents/2021/200521-Estrategia_Espana_2050_3.pdf

En este contexto, se han desarrollado diversas iniciativas tanto a nivel nacional como europeo, que incluyen subvenciones, ayudas públicas, flexibilidad horaria, plataformas de formación online, entre otras. Estas medidas no solo benefician a las personas trabajadoras, sino que también contribuyen a la competitividad de las empresas y al fortalecimiento de las economías a largo plazo. A continuación, se detallan algunos ejemplos de medidas que pueden ser implementadas para garantizar un acceso efectivo a la formación profesional continua de los trabajadores/as a tiempo parcial[60].

Ejemplo para la negociación colectiva: garantizar el acceso a la formación profesional continua[61]

Flexibilidad horaria: promover horarios flexibles para la formación, permitiendo que las personas trabajadoras puedan participar en cursos o actividades de formación sin que interfieran con su jornada laboral. Las sesiones de formación deberían llevarse a cabo dentro del horario laboral.

Formación en el lugar de trabajo: implementar programas de formación en la propia empresa, aprovechando los recursos y la infraestructura existente. Esto incluye tanto la formación presencial como la formación online, lo que puede permitir que las personas trabajadoras se capaciten sin necesidad de desplazarse a otros centros de formación.

Acceso a plataformas de formación online: facilitar el acceso a plataformas digitales que ofrezcan cursos de formación continua. Estas plataformas deben ser accesibles, con una oferta diversa y flexible, para que las personas trabajadoras puedan mejorar sus habilidades sin restricciones de tiempo o ubicación.

Reconocimiento de la experiencia laboral: establecer mecanismos que permitan validar y certificar la formación adquirida a través de la experiencia laboral. Esto puede incluir la creación de sistemas de acreditación de competencias y habilidades obtenidas en el trabajo.

---

[60] Exposición de motivos del Real Decreto 694/2017, de 3 de julio, por el que se regula el sistema de formación profesional para el empleo en el ámbito laboral, BOE 05/07/2017, núm. 159.
[61] Recuperado de: https://www.fundae.es/

Acuerdos entre empresas y entidades formativas: fomentar convenios o acuerdos de colaboración entre empresas y centros de formación, con el objetivo de desarrollar programas de formación adaptados a las necesidades específicas de la empresa y del sector. Esto puede incluir la personalización de los contenidos de los cursos y la creación de itinerarios formativos.

Incentivos a la formación de las personas trabajadoras de grupos vulnerables: establecer medidas específicas para promover el acceso a la formación profesional continua a toda la plantilla, haciendo hincapié en grupos vulnerables, como jóvenes, trabajadores/as mayores de 55 años, personas con discapacidad o personas en riesgo de exclusión social. Esto puede incluir complementos, becas, ayudas adicionales o programas especializados.

Detección de necesidades formativas: ofrecer servicios de orientación y asesoramiento a los trabajadores/as para ayudarles a identificar sus necesidades formativas, establecer un plan de desarrollo formativo y elegir los cursos y programas más adecuados a su perfil y objetivos.

Desarrollo de programas de formación adaptados a la transformación digital y/o relacionadas con su puesto de trabajo: ofrecer formación continua en áreas clave relacionadas con la digitalización, como el uso de nuevas tecnologías, la ciberseguridad, la programación o el análisis de datos, para que las personas trabajadoras puedan adaptarse a los cambios tecnológicos o de procedimiento que afecten al sector de actividad.

Ejemplo de convenio colectivo que regula ciertos aspectos de la formación profesional continua

IX Convenio colectivo de enseñanza y formación no reglada[62]. Art. 32. Complemento de desarrollo y perfeccionamiento profesional.

«Con el objetivo de estimular la iniciativa de los trabajadores en la mejora de su formación y calidad en la prestación de servicios, así como servir de

---

[62] IX Convenio colectivo de enseñanza y formación no reglada, BOE 28/10/2021, núm. 258.

estímulo a su propio desarrollo profesional y económico, el trabajador, devengará un complemento por la formación y conocimientos adquiridos en cada periodo de tres años, siempre que dicha formación sea organizada por la empresa o expresamente autorizada por la misma.

El trabajador tendrá derecho a la percepción del mencionado complemento siempre que acredite la realización, en los tres años anteriores, de:

Treinta horas de formación, para el grupo I.

Quince horas de formación, para los grupos II y III.

Diez horas de formación, para el grupo IV.

Dichas horas tendrán la consideración de horas laborables.

En caso de contratos a tiempo parcial el número de horas de formación será en proporción a la jornada contratada».

5.4. PORCENTAJE MÁXIMO DE HORAS COMPLEMENTARIAS

Como ya se ha expuesto, conforme al art. 12.5.c) ET, el número de horas complementarias que una persona trabajadora a tiempo parcial puede realizar no puede exceder, en general, el **30 % de las horas ordinarias** de su contrato. Esta limitación tiene como objetivo proteger al trabajador/a, evitando que se sobrecargue con una jornada que termine por ser equivalente a la de un contrato a tiempo completo.

Sin embargo, existe una **excepción** que puede modificar este límite. Si el **convenio colectivo** del sector o de la empresa establece un tope superior de horas complementarias.

A tener en cuenta en la ampliación de este límite:

Presencial o a distancia: tradicionalmente, las horas complementarias se realizaban de manera presencial, sin embargo, se podría impulsar a realizar estas horas de forma remota o en línea, siempre que las tareas lo permitan.

Mixta: se podría realizar una combinación de horas presenciales y a distancia, lo que facilita la adaptación a las necesidades operativas de la empresa. Esta opción es especialmente valiosa en el contexto actual de digitalización y teletrabajo.

Gráfico núm. 22. Fuente: elaboración propia SEC-UGT.

Ejemplos de convenios colectivos que amplían el porcentaje legal de horas complementarias

VIII Convenio colectivo sectorial estatal de cadenas de tiendas de conveniencia[63]. Art. 16.4.a) Modalidades de contratación. Contrato a tiempo parcial.

(…) «El pacto de horas complementarias podrá alcanzar al 40 % de las horas ordinarias contratadas y para que sean exigibles para la persona trabajadora deberán solicitarse por la empresa con el preaviso legal o en el pacto específico de realización de horas complementarias (…).»

V Convenio colectivo estatal de instalaciones deportivas y gimnasios[64]. Art. 23 Contrato a tiempo parcial.

«La empresa, de acuerdo con la persona trabajadora, podrá fijar la realización de horas complementarias. La realización de estas horas estará sujeta a las siguientes normas:

---

[63] VIII Convenio colectivo sectorial estatal de cadenas de tiendas de conveniencia, BOE 01/06/2024, núm. 133.
[64] V Convenio colectivo estatal de instalaciones deportivas y gimnasios, BOE 26/01/2024, núm. 23.

(...)

b) Sólo se podrá formalizar un pacto de horas complementarias en contratos a tiempo parcial con una jornada de trabajo no inferior a diez horas semanales en cómputo anual.

El pacto de horas complementarias recogerá el número de horas a realizar que puedan ser requeridas por la empresa. En ningún caso las horas complementarias podrán exceder del 50 % de la jornada semanal.

(...)

5.5. PLAZO DE PREAVISO DE REALIZACIÓN DE HORAS COMPLEMENTARIAS

Como se ha expuesto anteriormente, la organización y modalidad de las horas complementarias dependerán de lo establecido en los convenios colectivos. Salvo que se disponga lo contrario en dichos acuerdos, la persona trabajadora debe ser informada sobre el día y las horas en las que deberá realizar las horas complementarias con un preaviso de al menos 3 días. Esta regulación es orientativa para los convenios colectivos, lo que permite que el plazo de preaviso pueda ser ampliado o reducido, en este último supuesto, deberá estarse a las necesidades que motivan esa reducción.

En este sentido, siguiendo el principio de buena fe que debe regir todas las relaciones laborales, se considera que siempre debe existir un plazo mínimo de preaviso, lo que garantiza que la persona trabajadora tenga la oportunidad de organizar su tiempo adecuadamente y evitar inconvenientes tanto en su vida personal como en otras responsabilidades laborales[65].

A continuación, se puede observar cómo, en algunos casos se ha optado por extender mediante negociación colectiva el plazo de preaviso, incluso hasta 15 días.

---

[65] CISS Laboral, «*Horas complementarias del contrato a tiempo parcial*». Aranzadi La Ley, 2025.

Ejemplos de convenios colectivos que amplían el plazo de preaviso para la realización de horas complementarias

Convenio colectivo para el sector de la Hostelería de la Provincia de Jaén 2023-2025[66]. Art. 21 Contrato a tiempo parcial.

«El trabajador deberá conocer el día y la hora de realización de las horas complementarias pactadas con un preaviso mínimo de 5 días».

Convenio Colectivo del sector de Limpieza de Edificios, Locales y Limpieza Industrial de Cantabria, para el periodo 2021-2024[67]. Art. 16.b) Medidas de fomento de la contratación y del empleo estable.

«En caso de realización de horas complementarias las personas trabajadoras serán preavisadas con un plazo de 7 días en condiciones generales, salvo en casos excepcionales en los que por la premura del servicio a realizar se preavisará con 3 días de antelación».

Convenio colectivo estatal del sector de Agencias de Viajes[68]. Art. 25. 1 Horas complementarias.

«La concreción de las horas complementarias deberá comunicarse al trabajador/a con un preaviso mínimo de quince días».

La Audiencia Nacional ha tenido la oportunidad de pronunciarse sobre la intención de crear un nuevo régimen de horas complementarias denominadas imprevistas, cuya particularidad es la ausencia de preaviso. En este contexto, ha determinado lo siguiente:

---

[66] Convenio Colectivo para el sector de la Hostelería de la Provincia de Jaén 2023-2025. BOP Jaén 12/08/2024, núm. 157.

[67] Convenio Colectivo para el sector de Limpieza de Edificios y Locales y de Limpieza Industrial para la Comunidad Autónoma de Cantabria, 2021 – 2024. BOC Cantabria 4/04/2022, núm. 65.

[68] Convenio colectivo estatal del sector de Agencias de Viajes. BOE 02/09/2023, núm. 210.

SAN núm. 1/2025, de 10 de enero: conflicto colectivo. Nulidad de acuerdo de horas complementarias imprevistas.

Los acuerdos impugnados permitían la realización de **horas complementarias bajo circunstancias imprevistas**, sin una definición clara en el convenio colectivo, lo que dejaba a la empresa decidir su obligatoriedad y su retribución como horas extraordinarias, lo cual es incompatible con la normativa laboral vigente para contratos a tiempo parcial. **Además, la comunicación de estas horas podría hacerse de forma verbal y sin previo aviso, lo que contraviene el convenio, que establece que deben ser voluntarias y notificadas con antelación**. También se ampliaba la jornada de las personas trabajadoras a tiempo parcial mediante horas complementarias para cubrir necesidades ordinarias, lo que infringía la naturaleza voluntaria de estas horas. La Audiencia Nacional declaró la nulidad de los acuerdos, considerando que vulneraban el ET y el convenio colectivo.

5.6. PORCENTAJE MÁXIMO DE HORAS COMPLEMENTARIAS DE ACEPTACIÓN VOLUNTARIA

Tal y como se ha expuesto, el art. 12.5.g) ET establece que, en los contratos a tiempo parcial de duración indefinida con una jornada mínima de 10 horas semanales, el empleador podrá ofrecer al trabajador/a la realización de horas complementarias de carácter voluntario. Sin embargo, el número de horas complementarias no podrá superar el 15 % de las horas ordinarias del contrato, porcentaje que podrá incrementarse hasta el 30 % mediante convenio colectivo.

Por otro lado, la posibilidad de que el empleador ofrezca horas complementarias en cualquier momento puede incidir negativamente en la conciliación de la vida laboral y personal de la persona trabajadora.

En este sentido algunos convenios colectivos han optado por fijar el máximo de horas en un 15 %.

Ejemplos de convenios colectivos que regulan el porcentaje legal de horas complementarias de aceptación voluntaria

Convenio colectivo de peluquerías, institutos de belleza y gimnasios[69]. Art. 32 Definiciones y naturaleza de los contratos. Contrato a tiempo parcial.

«*(…) Sólo en los contratos a tiempo parcial de duración indefinida con una jornada de trabajo no inferior a diez horas semanales en cómputo anual, el empresario podrá, en cualquier momento, ofrecer al trabajador la realización de horas complementarias de aceptación voluntaria, cuyo número no podrá superar el 15 % de las horas ordinarias objeto del contrato. Estas horas complementarias voluntarias no se computan a efectos del porcentaje previsto en el apartado anterior. La negativa del trabajador a la realización de estas horas no constituirá conducta laboral sancionable*».

Convenio colectivo del sector de empresas de publicidad[70]. Art. 17.4 Contrato a tiempo parcial.

«*Sólo en los contratos a tiempo parcial de duración indefinida con una jornada de trabajo no inferior a diez horas semanales en cómputo anual, el empresario podrá, en cualquier momento, ofrecer al trabajador la realización de horas complementarias de aceptación voluntaria, cuyo número no podrá superar el 15 % de las horas ordinarias objeto del contrato. Estas horas complementarias voluntarias no se computan a efectos del porcentaje previsto en el apartado anterior. La negativa del trabajador a la realización de estas horas no constituirá conducta laboral sancionable*».

---

[69] Convenio colectivo de peluquerías, institutos de belleza y gimnasios, BOE 22/10/2024, núm. 255.
[70] Convenio colectivo estatal para las empresas de publicidad, BOE 11/08/2022, núm. 192.

6. LAS PERSONAS TRABAJADORAS A TIEMPO PARCIAL Y SU PROTECCIÓN SOCIAL

6. LAS PERSONAS TRABAJADORAS A TIEMPO PARCIAL Y SU PROTECCIÓN SOCIAL

La normativa básica sobre protección social de las personas trabajadoras con contrato a tiempo parcial viene regulada, con carácter general, en los arts. 245 a 248 TRLGSS y en materia de protección por desempleo en los arts. 269 a 270 TRLGSS.

En efecto, el art. 245.1 TRLGSS, nos indica que el trabajo a tiempo parcial debe tener un tratamiento análogo, sino equivalente, al trabajo a tiempo completo en el ámbito de la protección social.

«La protección social derivada de los contratos de trabajo a tiempo parcial se regirá por el principio de asimilación del trabajador a tiempo parcial al trabajador a tiempo completo y específicamente por lo establecido en este capítulo y en los artículos 269.2 y 270.1 con relación a la protección por desempleo».

TRABAJO A TIEMPO PARCIAL ART. 245.1 TRLGSS		TRABAJO A TIEMPO COMPLETO ART. 245.1 TRLGSS

Gráfico núm. 23. Fuente: elaboración propia SEC-UGT.

6.1. EVOLUCIÓN DE LA COTIZACIÓN A LA SEGURIDAD SOCIAL EN EL CONTRATO A TIEMPO PARCIAL

En el contexto de la legislación española, históricamente, las personas trabajadoras a tiempo parcial, cotizaban únicamente en función de las horas efectivamente trabajadas.

Aunque 2 personas hubieran trabajado el mismo número de horas, si una de ellas trabajaba a jornada parcial horizontal (distribuida de manera uniforme a lo largo de la semana) y la otra a jornada parcial vertical (trabajando de manera discontinua, con menos días a la semana, mes o año), el número de días cotizados podría ser diferente, aun habiendo realizado el mismo número de horas.

Supuesto práctico:

Dos personas trabajadoras son despedidas el 27 de julio de 2018, tras un año del inicio de su relación laboral en la misma empresa. Ambas han trabajado el mismo número de horas en el año, si bien la distribución de la jornada no ha sido la misma.

Solución:

- Persona trabajadora A: ha desarrollado su actividad laboral bajo la modalidad de jornada parcial horizontal, acumulando 360 días cotizados.

- Persona trabajadora B: ha desarrollado su actividad laboral bajo la modalidad de jornada parcial vertical, cotizando menos de los 360 días (mínimo legal para acceder a la prestación por desempleo), pero el mismo número de horas que la persona trabajadora A.

¿Qué sucedía antes de las reformas y modificaciones normativas que desarrollaremos a continuación?

Ambas habrán cotizado y trabajado el mismo número de horas del año, pero no podrán acceder a los mismos derechos, al no tener cotizados el mismo número de días.

En el art. 3.4 RD 625/1985, de 2 de abril (vigente hasta el 28 de julio de 2018), se establecía lo siguiente: «*Cuando las cotizaciones acreditadas correspondan a un trabajo a tiempo parcial o a trabajo efectivo en los casos de reducción de jornada, cada día trabajado se computará como un día cotizado, cualquiera que haya sido la duración de la jornada*».

Esta diferencia en el acceso a la prestación entre ambas personas trabajadoras, A y B, se debe a la forma en la que se computaban los días de cotización en función de la modalidad de jornada parcial realizada, horizontal o vertical.

6.1.1. DISCRIMINACIÓN EN EL CÓMPUTO DE DÍAS COTIZADOS

La STJUE de 9 de noviembre de 2017, asunto C-98/15, declaró discriminatoria la normativa española que regulaba el acceso a prestaciones contributivas de la Seguridad Social de las personas trabajadoras que desarrollaban su actividad laboral a jornada parcial, especialmente jornada parcial vertical. El TJUE declaró que el art. 4.1 del Acuerdo Marco sobre el trabajo a tiempo parcial, celebrado el 6 de junio de 1997, no era aplicable a una prestación contributiva como la prestación por desempleo, si bien, declaró, en virtud del art. 4.1 de la Directiva 79/7/CEE, discriminatorio el cómputo del tiempo cotizado para el cálculo de la duración de la prestación de desempleo en los supuestos de las personas trabajadoras con contratos de trabajo a tiempo parcial vertical, regulado en el art. 3.4 RD 625/1985. En este sentido concluyó: «*debe interpretarse en el sentido de que se opone a una normativa de un Estado miembro que, en el caso del trabajo a tiempo parcial vertical, excluye los días no trabajados del cálculo de los días cotizados y que reduce de este modo el periodo de pago de la prestación por desempleo, cuando está acreditado que la mayoría de los trabajadores a tiempo parcial vertical son mujeres que resultan perjudicadas por tal normativa*[71].»

Tras esta sentencia, se equiparó el modo de cotización entre las personas trabajadoras que prestan sus servicios bajo la modalidad de jornada parcial vertical, respecto a las que lo hacen a jornada parcial horizontal, así como de ambas, respecto a las personas que trabajan a jornada completa.

---

[71] STJUE, asunto C-98/15, de 9 de noviembre de 2017, apartado 50.

Esta equiparación, se produjo de manera progresiva, como consecuencia de la citada jurisprudencia del TJUE, jurisprudencia de los tribunales españoles, y diversas modificaciones de nuestro ordenamiento jurídico, que a continuación se referencian:

El Real Decreto 950/2018, de 27 de julio[72], modificó el apartado 4 del art. 3 del Real Decreto 625/1985, adaptándolo al criterio indicado en la referenciada sentencia del TJUE.

En el art. 3.4 RD 625/1985, para calcular la prestación por desempleo, se tenía en cuenta cada día trabajado, como día cotizado. Esto provocaba una discriminación indirecta entre las personas trabajadoras que llevaban a cabo su trabajo en la modalidad de jornada parcial vertical, respecto a aquellos/as que lo desarrollaban en la modalidad, jornada parcial horizontal.

Art. 3.4, Real Decreto 625/1985, de 2 de abril, vigente desde 07/05/1985 hasta el 28/07/2018.

«Cuando las cotizaciones acreditadas correspondan a un trabajo a tiempo parcial o a trabajo efectivo en los casos de reducción de jornada, cada día trabajado se computará como un día cotizado, cualquiera que haya sido la duración de la jornada».

Art. 3.4, Real Decreto 625/1985, de 2 de abril, vigente desde 29/07/2018.

«Cuando las cotizaciones acreditadas correspondan a trabajos a tiempo parcial realizados al amparo del artículo 12 del texto refundido de la Ley del Estatuto de los Trabajadores, se computará el periodo durante el que el trabajador haya permanecido en alta con independencia de que se hayan trabajado todos los días laborables o solo parte de los mismos, y ello, cualquiera que haya sido la duración de la jornada.
Se excluyen de dicho cómputo los periodos de inactividad productiva a los que se refiere el artículo 267.1.d) del texto refundido de la Ley General de la Seguridad Social».

---

[72] Real Decreto 950/2018, de 27 de julio, por el que se modifica el Real Decreto 625/1985, de 2 de abril, por el que se desarrolla la Ley 13/1984, de 2 de agosto, de protección por desempleo, BOE 28/07/2018, núm. 182.

Con esta modificación **se aplica el mismo criterio para computar la cotización en ambas modalidades de trabajo a tiempo parcial, que determinan el mínimo legal exigido para acceder a las prestaciones por desempleo**, así como la duración de estas.

De esta forma, se corrige esta discriminación indirecta entre ambas modalidades contractuales, computando el periodo durante el que la persona trabajadora ha permanecido dada de alta en la Seguridad Social, con independencia de los días laborales trabajados y la duración de la jornada que haya sido llevada a cabo.

6.1.2. JURISPRUDENCIA RELEVANTE EN MATERIA DE TRABAJO A TIEMPO PARCIAL

Sentencia TJUE de 8 de mayo de 2019, asunto C-161/18: la normativa reguladora en materia de cálculo de la pensión de jubilación de las personas trabajadoras a tiempo parcial en España resulta contraria al Derecho de la Unión Europea.

El TJUE declara que la Directiva 79/7/CEE es contraria a la normativa española en materia de cálculo de la pensión de jubilación de las personas trabajadoras a tiempo parcial. Señala el TJUE, que la pensión de jubilación para las personas trabajadoras a tiempo parcial es más baja respecto a la de las personas trabajadoras a jornada completa: (i) «*depende de las cotizaciones según las horas trabajadas, que son inferiores respecto a las de una persona trabajadora a jornada completa (ii) Se calcula aplicando un coeficiente de parcialidad, que reduce los días cotizados, según la proporción de trabajo a tiempo parcial realizado; aunque este coeficiente se atenúa con un factor de 1.5, sigue afectando de manera negativa al cálculo*».

Concluye, que esta doble reducción conlleva a una pensión inferior de manera desproporcionada e injusta para las personas trabajadoras que han trabajado a jornada parcial, señalando lo siguiente: «*Por lo tanto, la aplicación, adicional, de un coeficiente de parcialidad relativo al trabajo a tiempo parcial va más allá de lo necesario para alcanzar tal objetivo y representa, para el grupo de los trabajadores que prestaron sus servicios a tiempo parcial reducido, es decir, por debajo de dos tercios de un trabajo a tiempo completo comparable, una reducción del importe de la pensión de jubilación superior a la que resultaría únicamente de tomar en consideración su jornada de trabajo* pro rata temporis».

STC núm. 91/2019, de 3 de julio: declara la inconstitucionalidad y nulidad de la norma que regula la cuantía de la pensión de jubilación para las personas trabajadoras a tiempo parcial.

El TC declaró que el sistema que regula la cuantía de la pensión de jubilación para las personas trabajadoras a tiempo parcial, no tiene una base razonable en los principios de contributividad y proporcionalidad del sistema de Seguridad Social. El tenor literal de la sentencia es el siguiente:

«Lo que no resulta justificado es que se establezca una diferencia de trato entre trabajadores a tiempo completo y trabajadores a tiempo parcial, no ya en cuanto a la reducción de la base reguladora para el trabajador a tiempo parcial en función de su menor base de cotización, sino en cuanto a la reducción adicional de la base reguladora mediante un porcentaje derivado de un «coeficiente de parcialidad» que reduce el número efectivo de días cotizados».

El TC prohíbe la aplicación del coeficiente de parcialidad en el método de cálculo del porcentaje en las pensiones. La sentencia limitó su retroactividad, por lo que solo afectó a expedientes pendientes de resolución, dando lugar, a la necesidad de llevar a cabo una reforma.

STC núm. 155/2021, de 13 de septiembre: declara la inconstitucionalidad y nulidad del inciso *«de jubilación y de incapacidad permanente derivada de enfermedad común»* del párrafo primero del art. 248.3 TRLGSS, aprobado por Real Decreto Legislativo 8/2015, de 30 de octubre.

Se plantea por la Sala de lo Social del TSJ de Asturias, cuestión de inconstitucionalidad, en relación con el art. 248.3 TRLGSS, aprobado por el RD Legislativo 8/2015, de 30 de octubre.

El TC declara la inconstitucionalidad de la aplicación del coeficiente de parcialidad, así como la reducción derivada del mismo, en la determinación de la cuantía de la prestación de jubilación y de incapacidad permanente, derivada de enfermedad común en personas trabajadoras a jornada parcial.

Establece que no resulta justificada la diferencia de trato entre personas trabajadoras a jornada parcial y personas trabajadoras a jornada completa, por las mismas razones a las ya indicadas por el Pleno del Tribunal Constitucional en la STC 91/2019 para la pensión de jubilación.

El TC declaró que la aplicación del coeficiente de parcialidad (CP) y el coeficiente global de parcialidad (CGP) generaban efectos negativos.

- Retraso en el acceso a prestaciones contributivas.
- Reducción en la cuantía de las prestaciones.

- Discriminación indirecta por razón de género.
- Vulneración del principio de igualdad (art. 14 CE).

Gráfico núm. 24. Fuente: elaboración propia SEC-UGT.

6.1.3. REFORMAS Y MODIFICACIONES RELATIVAS A LA COTIZACIÓN EN EL TRABAJO A TIEMPO PARCIAL

La Disposición Final del Real Decreto Ley 2/2023, de 16 de marzo[73], introdujo una modificación del art. 247 TRLGSS[74], referente al cómputo de los trabajos a tiempo parcial para el cumplimiento de los periodos mínimos de cotización necesarios para el acceso a las pensiones y prestaciones contributivas. La modificación indicada se complementa con la supresión del apartado 3 del art. 248 TRLGSS. Esta modificación se realiza para atender a la jurisprudencia del TC anteriormente mencionada[75].

---

[73] Real Decreto Ley 2/2023, de 16 de marzo, de medidas urgentes para la ampliación de derechos de los pensionistas, la reducción de la brecha de género y el establecimiento de un nuevo marco de sostenibilidad del sistema público de pensiones, BOE 17/03/2023, núm. 65.

[74] Con posterioridad, el RD Ley 11/2024, de 23 de diciembre, introduce una nueva modificación del art. 247 TRLGSS, para regular por separado los periodos de cotización computables para personas trabajadoras a tiempo parcial y fijos-discontinuos. Como se indica en el preámbulo del RD Ley 11/2024: «*De este modo, el apartado 1 mantiene, en los mismos términos que antes, el cómputo de los periodos de cotización a efectos de causar el derecho a las prestaciones de jubilación, incapacidad permanente y muerte y supervivencia por los trabajadores a tiempo parcial; en tanto que el apartado 2 recupera para los trabajadores fijos-discontinuos la aplicación del coeficiente de 1,5, suprimida por el Real Decreto Ley 2/2023, de 16 de marzo, para el cálculo del periodo de carencia exigido para acceder a las citadas pensiones*».

[75] STC núm. 91/2019, de 3 de julio y STC núm. 155/2021, de 13 de septiembre.

DOBLE PENALIZACIÓN
personas trabajadoras
a tiempo parcial

Se penalizaba con el sistema de computar los periodos trabajados parcialmente (coeficiente de parcialidad).

Las bases de cotización, para calcular la pensión de las personas trabajadoras a jornada parcial, son inferiores a las que corresponden a una persona trabajadora a tiempo completo.

Gráfico núm. 25. Fuente: elaboración propia SEC-UGT.

Con esta modificación, **se equipara el trabajo a tiempo parcial con el trabajo a tiempo completo a efectos del cómputo de periodos de cotización para el reconocimiento de las pensiones de jubilación, incapacidad permanente, muerte y supervivencia** (viudedad, orfandad y en favor de familiares), **incapacidad temporal, nacimiento y cuidado de menor**[76], ya que se tienen en cuenta los periodos cotizados cualquiera que sea la duración de la jornada realizada en cada uno de ellos[77].

---

[76] La razón por la que en la nueva redacción del art. 247 TRLGSS, no se hace referencia a la prestación por desempleo, es que el coeficiente de parcialidad se derogó para el sistema de cómputo de periodos de cotización en el cálculo de la prestación por desempleo, mediante la modificación del ap. 3.4 RD 625/1985, de 2 de abril, mediante el RD 950/2018, de 2 de agosto. La duración de la referida prestación, dependerá del tiempo cotizado en los últimos 6 años, es decir, los últimos 2.160 días: «cualquiera que haya sido la duración de la jornada» (ap.3.4 RD 625/1985, de 2 de abril), a tiempo completo o a tiempo parcial.

[77] IBERLEY, Dpto. Laboral Iberley: «Se terminan las reglas de proporcionalidad aplicables a los trabajadores a tiempo parcial para el cálculo de prestaciones», 2023. *Revista jurídica* núm. 38.

Art. 247 TRLGSS: *cómputo de los periodos de cotización,* **vigente hasta 30/09/2023.**

«1. A efectos de acreditar los periodos de cotización necesarios para causar derecho a las prestaciones de jubilación, incapacidad permanente, muerte y supervivencia, incapacidad temporal, maternidad y paternidad, se aplicarán las siguientes reglas:

a) Se tendrán en cuenta los distintos periodos durante los cuales el trabajador haya permanecido en alta con un contrato a tiempo parcial, cualquiera que sea la duración de la jornada realizada en cada uno de ellos.

A tal efecto, el coeficiente de parcialidad, que viene determinado por el porcentaje de la jornada realizada a tiempo parcial (...)».

Art. 247 TRLGSS:
cómputo de los periodos de cotización, modificado mediante RD 2/2023, **vigente desde 1/10/2023, efectos retroactivos.**

«1. A efectos de acreditar los periodos de cotización necesarios para causar derecho a las prestaciones de jubilación, incapacidad permanente, muerte y supervivencia, incapacidad temporal y nacimiento y cuidado de menor se tendrán en cuenta los distintos periodos durante los cuales el trabajador haya permanecido en alta con un contrato a tiempo parcial, cualquiera que sea la duración de la jornada realizada en cada uno de ellos».

Art. 247 TRLGSS:
cómputo de los periodos de cotización, modificado mediante RD 11/2024, **en vigor desde el 01/04/2025.**

*«1. **Para los trabajadores a tiempo parcial,** a efectos de acreditar los periodos de cotización necesarios para causar derecho a las prestaciones de jubilación, incapacidad permanente, muerte y supervivencia, incapacidad temporal y nacimiento y cuidado de menor se tendrán en cuenta los distintos periodos durante los cuales el trabajador haya permanecido en alta con un contrato a tiempo parcial, cualquiera que sea la duración de la jornada realizada en cada uno de ellos».*

- Se computarán los días efectivamente cotizados, con independencia de las horas trabajadas, sin aplicar coeficientes reductores.

Real Decreto-Ley 2/2023, de 16 de marzo.

- Se garantiza que las personas trabajadoras a tiempo parcial puedan alcanzar los períodos mínimos de cotización, en igualdad de condiciones que las personas trabajadoras a jornada completa.

Gráfico núm. 26. Fuente: elaboración propia SEC-UGT.

Respecto al **efecto retroactivo de esta modificación**, la Seguridad Social, ha indicado que: «*(...) la conversión alcanza a periodos trabajados a tiempo parcial anteriores y posteriores al 1 de octubre de 2023 a los efectos del acceso y cálculo de las prestaciones de Seguridad Social. Por el contrario, esta modificación no opera con retroactividad para hechos causantes (cuando se genera el derecho) anteriores a esa fecha*»[78]. Es decir, tendrá carácter retroactivo para los periodos trabajados a tiempo parcial anteriores, y posteriores, al 1 de octubre de 2023. No obstante, se aplicará en los casos en los que el derecho a la pensión se genere, es decir, se produzca el hecho causante, después de la entrada en vigor, del referido RD, el 1 de octubre de 2023.

Finalmente, a través del art. 1.7 del Real Decreto Ley 11/2024, de 23 de diciembre[79], se modifica el art. 248 TRLGSS, que regula la **cuantía de las prestaciones económicas para las personas trabajadoras a tiempo parcial.**

---

[78] *REVISTA DE LA SEGURIDAD SOCIAL, Secretaría de Estado de la Seguridad Social y pensiones.* «El trabajo a tiempo parcial se equipara con el trabajo a tiempo completo a efectos del cómputo de los periodos de cotización», 2023.
[79] Real Decreto Ley 11/2024, de 23 de diciembre, para la mejora de la compatibilidad de la pensión de jubilación con el trabajo, BOE 24/12/2024, núm. 309.

Respecto a estas, se introducen las siguientes modificaciones:

Periodos de cotización: se tendrán en cuenta los diferentes periodos durante los cuales la persona trabajadora haya permanecido en alta con un contrato a tiempo parcial, cualquiera que sea la duración de la jornada que haya realizado. Este mismo cálculo de periodos de cotización, se empleará para determinar el porcentaje aplicable a la base reguladora de las pensiones de jubilación y de incapacidad permanente derivada de enfermedad común.

Complemento de la pensión por jubilación (art. 210.2 TRLGSS): se establece la forma de cálculo de este complemento para las personas trabajadoras a tiempo parcial y fijos-discontinuos, reseñando que, para las personas trabajadoras a jornada parcial, se tendrán en cuenta los periodos de cotización establecidos en el art. 247.1 TRLGSS.

Art. 248.3 TRLGSS: Cuantía de las prestaciones económicas, vigente hasta 30/09/2023.

*«3. A efectos de determinar la cuantía de las **pensiones de jubilación y de incapacidad permanente derivada de enfermedad común**, el número de días cotizados que resulten de lo establecido en el segundo párrafo de la letra a) del artículo 247, se incrementará con la aplicación del coeficiente del 1,5, sin que el número de días resultante pueda ser superior al periodo de alta a tiempo parcial.»*

El porcentaje a aplicar sobre la respectiva base reguladora se determinará conforme a la escala general a que se refiere el artículo 210.1, con la siguiente excepción:

Cuando el interesado acredite un periodo de cotización inferior a quince años, considerando la suma de los días a tiempo completo con los días a tiempo parcial incrementados ya estos últimos con el coeficiente del 1,5, el porcentaje a aplicar sobre la respectiva base reguladora será el equivalente al que resulte de aplicar a 50 el porcentaje que represente el periodo de cotización acreditado por el trabajador sobre quince años».

Art. 248.3 TRLGSS: Cuantía de las prestaciones económicas, en vigor a partir 1/04/2025.

«*3. Para determinar el porcentaje aplicable a la base reguladora de las pensiones de jubilación y de incapacidad permanente derivada de enfermedad común, se tendrán en cuenta los distintos periodos durante los cuales el trabajador haya permanecido en alta con un contrato a tiempo parcial, cualquiera que sea la duración de la jornada realizada en cada uno de ellos. (…)*».

6.1.4. RESUMEN DE LA EVOLUCIÓN NORMATIVA Y JURISPRUDENCIAL DE LA COTIZACIÓN EN LA JORNADA PARCIAL

Jurisprudencia y normativa destacada	Aspectos clave
STJUE de 9 de noviembre de 2017, Espadas Recio, asunto C-98/15.	Declara discriminatorio el sistema de cómputo de días cotizados para el cálculo de la prestación contributiva por desempleo para las personas trabajadoras a jornada parcial vertical en España, en su mayoría mujeres; discriminación indirecta por razón de sexo.
Real Decreto 950/2018, de 27 de julio, que modifica el apartado 4 del artículo 3 del Real Decreto 625/1985, de 2 de abril, por el que se desarrolla la Ley 31/1984, de 2 de agosto, de Protección por Desempleo.	Corrige la discriminación indirecta en el sistema de cálculo de la prestación por desempleo entre personas trabajadoras a jornada parcial horizontal y vertical. Se adapta la normativa española al criterio del TJUE.
STJUE de 8 de mayo de 2019, Villar Láiz, asunto C-161/18.	Declara que, en España la normativa reguladora que establece el método aplicable en el cálculo de la pensión de jubilación de las personas trabajadoras a jornada parcial, es contraria al derecho de la Unión Europea.

STC núm. 91/2019, de 3 de julio de 2019.	Declara inconstitucional el *«coeficiente de parcialidad»* empleado en el cálculo de las pensiones de jubilación de las personas trabajadoras a jornada parcial.
STC núm. 155/2021, de 13 de septiembre de 2021.	Declara inconstitucional el *«coeficiente de parcialidad»*, tanto en el cálculo de la pensión de jubilación, como en el sistema de cálculo de la prestación de incapacidad permanente derivada de enfermedad común.
Real Decreto Ley 2/2023, de 16 de marzo, de medidas urgentes para la ampliación de derechos de los pensionistas, la reducción de la brecha de género y el establecimiento de un nuevo marco de sostenibilidad del sistema público de pensiones.	Modifica el art. 247 TRLGSS, equiparando el cómputo de los periodos de cotización en contratos a tiempo parcial con los de tiempo completo. **Garantiza que las personas trabajadoras a tiempo parcial puedan alcanzar los periodos mínimos de cotización, para el acceso a prestaciones contributivas de la Seguridad Social, en igualdad de condiciones que las personas trabajadoras a jornada completa.**
Real Decreto Ley 11/2024, de 23 de diciembre, para la mejora de la compatibilidad de la pensión de jubilación con el trabajo.	**Periodos de cotización:** se tendrán en cuenta los diferentes periodos durante los cuales la persona trabajadora haya permanecido en alta con un contrato a tiempo parcial, cualquiera que sea la duración de la jornada que haya realizado para el cálculo de la pensión. **Complemento de la pensión por jubilación:** se establece la forma de cálculo de este complemento para las personas trabajadoras a tiempo parcial y fijos-discontinuos.

Cuadro núm. 7. Fuente: elaboración propia SEC-UGT.

6.2. AFILIACIÓN, ALTA Y COTIZACIÓN

Toda persona trabajadora que inicia una relación laboral, ya sea a jornada completa o parcial, debe estar afiliada y dada de alta en el sistema de la Seguridad Social, conforme a lo establecido en el art. 16 TRLGSS.

En los contratos a tiempo parcial, la empresa debe comunicar el alta de la persona trabajadora en la Seguridad Social, previamente al inicio de la prestación de servicios por cuenta ajena, **indicando de forma precisa el tipo de contrato y el porcentaje de jornada parcial acordado en el contrato (ejemplo: 50 %, 75 %).**

Durante los últimos años, el trabajo a tiempo parcial ha experimentado un aumento dentro del sistema laboral español. Aunque la cifra total de personas afiliadas con este tipo de contrato no ha cambiado drásticamente, su peso relativo sobre el total de contratos ha aumentado.

DATOS AFILIACIÓN A LA SEGURIDAD SOCIAL: CONTRATOS A TIEMPO PARCIAL		
ASPECTOS	**2021**	**2024**
Afiliación a la Seguridad Social	3.167.221	3.163.717
Porcentaje sobre el total de contrataciones	**15,40 %**	**35 %**

Cuadro núm. 8. Fuente: elaboración propia SEC-UGT. con datos de BBDD Estadísticas TGSS, septiembre 2021-2024.

Los datos de afiliación a la Seguridad Social correspondientes a diciembre de 2024 muestran un total 3.163.717 personas afiliadas a la Seguridad Social con contrato a tiempo parcial, lo que supone un ligero descenso en cifras absolutas, respecto a diciembre de 2021, donde ascendieron a 3.167.221. Sin embargo, el peso de esta modalidad contractual ha incrementado respecto al total de las contrataciones.

En términos relativos, el número de contratos a tiempo parcial supuso el 35% de las contrataciones a finales de 2024, mientras que en diciembre de 2021 representaban el 15,4 % del total de contrataciones.

Comparativa de afiliación entre hombres y mujeres

AFILIACIONES año 2024	HOMBRE	MUJER	TOTAL
TOTAL RÉGIMEN GENERAL	8.520.407	8.201.691	16.722.107
INDEFINIDO jornada parcial	803.004	1.724.433	2.527.437
TEMPORAL jornada parcial	238.015	398.265	636.280
TOTAL de afiliados/as a tiempo parcial	**1.041.019**	**2.122.698**	**3.163.717**
AFILIACIONES año 2021	HOMBRE	MUJER	TOTAL
TOTAL RÉGIMEN GENERAL	7.799.758	7.385.568	15.185.343
INDEFINIDO jornada parcial	494.681	1.200.665	1.695.346
TEMPORAL jornada parcial	555.588	916.285	1.471.875
TOTAL de afiliados/as a tiempo parcial	**1.050.269**	**2.116.950**	**3.167.221**

Cuadro núm. 9. Fuente: elaboración propia SEC-UGT con datos de BBDD Estadísticas TGSS, septiembre 2021-2024.

En el año 2024, de las personas afiliadas a la Seguridad Social con contratos a jornada parcial, las mujeres representan el 67 % del total de personas afiliadas bajo esta modalidad contractual (2.122.698 mujeres respecto a 1.041.019 hombres).

La normativa básica en materia de cotización viene constituida por el TRLGSS, por el Real Decreto 2064/1995, de 2 de diciembre, del Reglamento General de Cotización y Liquidación de la Seguridad Social[80] y por la publicación anual de la Orden de cotización[81].

---

[80] Real Decreto 2064/1995, de 22 de diciembre, por el que se aprueba el Reglamento General sobre Cotización y Liquidación de otros Derechos de la Seguridad Social. BOE 25/01/1996, núm. 22.
[81] Para el año 2025, Orden PJC/178/2025, de 25 de febrero, por la que se desarrollan las normas legales de cotización a la Seguridad Social, desempleo, protección por cese de actividad, Fondo de Garantía Salarial y formación profesional para el ejercicio 2025. BOE 26/02/2025, núm. 49.

Tratándose de un sistema eminentemente contributivo, causar el derecho a una prestación de la Seguridad Social requiere que la persona esté afiliada y en alta (o situación asimilada) al sobrevenir la contingencia o la situación protegida.

6.2.1. BASE REGULADORA

En los contratos de trabajo a tiempo parcial la cotización se efectúa según la remuneración efectivamente percibida en función de las horas trabajadas en el respectivo mes, tanto ordinarias como complementarias. Estas últimas cotizarán a la Seguridad Social sobre las mismas bases y tipos que las horas ordinarias (art. 246 TRLGSS).

Bases de cotización por contingencias comunes (art. 38 Orden PJC/178/2025)

Para determinar la base de cotización mensual correspondiente a las contingencias comunes se aplicarán las siguientes normas:

Se computa la remuneración devengada por las horas ordinarias y complementarias en el mes a que se refiere la cotización, cualquiera que sea su forma o denominación, con independencia de que haya sido satisfecha diaria, semanal o mensualmente.

A dicha remuneración se añadirá la parte proporcional que corresponda en concepto de descanso semanal y festivos, pagas extraordinarias y aquellos otros conceptos retributivos que tengan una periodicidad en su devengo superior a la mensual o que no tengan carácter periódico y se satisfagan dentro del año natural.

Si el resultado de la base de cotización mensual, calculada conforme a las reglas anteriores, fuera inferior a las bases mínimas de cotización por contingencias comunes o superior a las máximas establecidas para los distintos grupos de categorías profesionales, se tomarán unas u otras como bases de cotización.

Gráfico núm. 27. Fuente: elaboración propia SEC-UGT.

Bases de cotización por contingencias profesionales, desempleo, FO-GASA y formación profesional (art. 38 Orden PJC/178/2025)

> Para determinar la base de cotización por contingencias de accidentes de trabajo y enfermedades profesionales, desempleo, Fondo de Garantía Salarial (FOGASA) y formación profesional:

> Se computará la remuneración correspondiente a las horas extraordinarias motivadas por fuerza mayor realizadas, teniendo en cuenta las 2 primeras normas para las contingencias comunes.

> En ningún caso, la base así obtenida podrá ser superior al tope máximo ni inferior a la cantidad que se determine en la Orden de cotización correspondiente.

Gráfico núm. 28. Fuente: elaboración propia SEC-UGT.

6.2.2. SUPUESTOS DE COTIZACIÓN: COTIZACIÓN MÁXIMA Y MÍNIMA

Para las personas trabajadoras con un contrato a tiempo parcial, la base máxima de cotización corresponderá a la fijada para un trabajador/a a jornada completa. Y, la base mínima por hora queda fijada por la Orden PJC/178/2025 en función del grupo de tarifa aplicable.

Supuesto práctico:

Una persona trabajadora que presta servicios como jefe/a administrativo y de taller (grupo de cotización núm. 3) a tiempo completo realiza una jornada de 180 horas mensuales. Un compañero con su misma categoría profesional trabaja a jornada parcial, al 60 %.

Solución:

La base mínima de cotización de la persona trabajadora a tiempo parcial se calcula:

180 horas de jornada completa x 60 % de jornada parcial=108 horas realizadas mensualmente por el trabajador a tiempo parcial.

Este número de horas se multiplicará por la base mínima por hora según la Orden PJC/178/2025 para el grupo núm. 3. Es decir, 108 x 8,38 €/h= 905,04 € como base de cotización mínima para la persona trabajadora a tiempo parcial.

El tope máximo de cotización será la base máxima establecida para las personas trabajadoras a jornada completa sin aplicar porcentaje. Es decir, para el año 2025: 4.909,50 € mensuales.

La base de cotización de la persona trabajadora a tiempo parcial puede variar de un mes a otro, en función de las horas trabajadas en ese mes.

Cotización por horas extraordinarias

La remuneración que obtengan las personas trabajadoras a tiempo parcial por el concepto de horas extraordinarias motivadas por fuerza mayor a las que se refiere el art. 35.3 ET queda sujeta a la cotización adicional regulada en el art. 5 Orden PJC/178/2025.

Cotización en la situación de pluriempleo

Cuando la persona trabajadora preste sus servicios en 2 o más empresas en régimen de contratación a tiempo parcial, cada una de ellas cotizará en razón de la remuneración que le abone. Si la suma de las retribuciones percibidas sobrepasase el tope máximo de cotización a la Seguridad Social, este se distribuirá en proporción a las abonadas a la persona trabajadora en cada una de las empresas (art. 41 Orden PJC/178/2025).

Cotización en los supuestos de trabajo concentrado en periodos inferiores a los de alta

Por persona trabajadora a tiempo parcial con trabajo concentrado se entiende todas aquéllas que han acordado con su empresa que la totalidad de la jornada anual se preste de forma concentrada, en ciertos periodos anuales, generándose periodos de inactividad superiores al mensual. Es indiferente que la retribución anual acordada se abone durante el periodo de trabajo efectivo o de forma prorrateada a lo largo del año.

En estos casos, el ap. 3.º del art. 65 RD 2064/1995[82], incorporado a raíz de la modificación introducida por la DA 3.ª RD 1131/2002, establece que deben permanecer en alta a lo largo de todo el contrato, incluidos los periodos de inactividad laboral.

> La persona trabajadora en estos supuestos acreditaría el requisito del art. 165.1 TRLGSS (alta), aunque el hecho causante se produjera durante la inactividad laboral.

De conformidad con el art. 65.3 RD 2064/1995, las personas trabajadoras a tiempo parcial con jornada concentrada deben permanecer en alta en la Seguridad Social y subsiste la obligación de cotizar. A tal efecto, la norma establece:

---

[82] Real Decreto 2064/1995, de 22 de diciembre, por el que se aprueba el Reglamento General sobre Cotización y Liquidación de otros Derechos de la Seguridad Social. BOE 25/1/1996, núm. 22.

La base de cotización se determinará al celebrarse el contrato de trabajo y al inicio de cada año en que la persona trabajadora se encuentre en dicha situación, computando el importe total de las remuneraciones que tenga derecho a percibir la persona trabajadora a tiempo parcial en ese año.

El importe obtenido se prorrateará entre los 12 meses del año o del periodo inferior de que se trate, determinándose de este modo la cuantía de la base de cotización correspondiente a cada uno de ellos y con independencia de que las remuneraciones se perciban íntegramente en los periodos de trabajo concentrado o de forma prorrateada a lo largo del año o periodo inferior respectivo.

La base mensual de cotización no podrá ser inferior al importe de las bases mínimas.

Si al final del ejercicio o periodo inferior de que se trate, la persona trabajadora con contrato a tiempo parcial, subsistiendo su relación laboral, hubiese percibido remuneraciones por importe distinto al inicialmente considerado en ese año o periodo para determinar la base mensual de cotización durante el mismo, se procederá a realizar la correspondiente regularización.

La Administración de la Seguridad Social podrá efectuar de oficio las liquidaciones de cuotas y acordar las devoluciones solicitadas.

Gráfico núm. 29. Fuente: elaboración propia SEC-UGT.

Las STS núm. 428/2023, de 14 de junio y la STS de 10 de mayo de 2022, rec. 1428/2019, rechazan que se encuentren en situación legal de desempleo las personas trabajadoras indefinidas contratadas a tiempo parcial con periodos de trabajo concentrados, cuando siguen en alta y cotizándose por ellas en los periodos de inactividad sin que su contrato esté extinguido, suspendido o reducido[83].

---

[83] VV. AA.: «*Trabajo a tiempo parcial. paso a paso…*», op. cit., pág. 84.

STS núm. 646/2021, de 23 de junio: situación legal de desempleo durante los periodos de inactividad.

El TS entiende que no existe situación de desempleo, pues el trabajador tiene su contrato en vigor a pesar de no estar trabajando:

«(...) cuando se trata de trabajadores con contrato indefinido a tiempo parcial y con periodos de trabajo concentrados en los cuales el trabajador sigue en alta en la Seguridad Social y, en esos precisos periodos de inactividad material, el trabajador mantiene su contrato de trabajo, y no lo tiene extinguido, suspendido ni reducido, la única conclusión posible es que ese trabajador no está en situación legal de desempleo».

Supuesto práctico:

Una trabajadora presta servicios como auxiliar administrativa y tiene contrato indefinido a tiempo parcial por 840 horas anuales. Sus servicios se concentran en el primer semestre del año 2025. La remuneración total concertada fue de 6.000 €, incluidos los prorrateos de las 2 pagas extraordinarias devengadas en el año.

En los archivos se ha podido examinar que registran una base de cotización mensual de 500 €.

Solución:

De acuerdo, con el art. 65.3 RD 2064/1995:

840 horas / 12 = 70 horas al mes

Base mínima = 70 x 8,32 = 582,4 €

6.000 / 12 = 500 €. Esta es la base por la que ha cotizado la empresa.

La base mensual de cotización no podrá ser inferior al importe de la base mínima de cotización vigente en cada momento para los contratos de trabajo a tiempo parcial.

La empresa debe cotizar por 582,4 € cada mes y esta base de cotización es la misma que debe aplicarse a todos los meses de enero a diciembre, aunque no se presten servicios.

Bases según Orden PSC/178/2025.

Cotización en el Sistema Especial para Trabajadores por Cuenta Ajena Agrarios establecido en el Régimen General de la Seguridad Social

Con independencia del número de horas de trabajo realizadas en cada jornada, la base de cotización de las personas trabajadoras incluidas en este sistema especial no podrá tener, una cuantía inferior a la que determine la Orden de cotización correspondiente.

Cotización en los supuestos de guarda legal o cuidado directo de un familiar

En el caso de personas trabajadoras y empleados públicos que (art. 37 ET, art. 30 Ley 30/1984[84] y arts. 48 y 49 Real Decreto Legislativo 5/2015[85]) realicen una jornada reducida con disminución proporcional de sus retribuciones, la cotización se efectuará en función de las retribuciones que perciban sin que, en ningún caso, la base de cotización pueda ser inferior a la cantidad resultante de multiplicar las horas realmente trabajadas en el mes a que se refiere la cotización por las bases mínimas horarias señaladas (art. 45 Orden PJC/178/2025).

6.2.3. CÓMPUTO DE LOS PERIODOS DE COTIZACIÓN

Un sistema contributivo requiere, para la gran mayoría de sus prestaciones, un periodo de cotización previa. Es decir, junto al alta o asimilación, un requisito habitual de acceso a la protección social es un periodo de carencia previo mínimo.

---

[84] Ley 30/1984, de 2 de agosto, de medidas para la reforma de la Función Pública. BOE 03/08/1984, núm. 185.
[85] Real Decreto Legislativo 5/2015, de 30 de octubre, por el que se aprueba el texto refundido de la Ley del Estatuto Básico del Empleado Público. BOE 01/10/2015, núm. 261.

A efectos de acreditar los periodos de carencia necesarios para causar el derecho a las prestaciones de jubilación, incapacidad permanente, muerte y supervivencia, incapacidad temporal y nacimiento y cuidado de persona menor se tendrán en cuenta los distintos periodos durante los cuales la persona trabajadora haya permanecido en alta con un contrato a tiempo parcial, cualquiera que sea la duración de la jornada realizada en cada uno de ellos, art. 247.1 TRLGSS.

Supuesto práctico:

Una persona trabajadora que presta servicios durante 10 años con una jornada a tiempo parcial del 50 %.

Solución:

Situación hasta el 30/09/2023: se aplicaba el coeficiente de parcialidad y computaban 5 años como cotizados para la pensión de jubilación.

Situación desde el 1/10/2023: las jornadas parciales cotizan como jornadas completas, entonces computan los 10 años para la pensión de jubilación[86].

El RDL 2/2023[87], de 16 de marzo, equiparó el trabajo a tiempo completo y el trabajo a tiempo parcial a efectos del cómputo de los periodos de carencia requeridos para el reconocimiento del derecho a prestaciones, por lo que resulta irrelevante la duración de la jornada.

En los supuestos de personas trabajadoras a tiempo parcial con jornada concentrada, la persona trabajadora acredita un mayor tiempo cotizado (pues está en alta todo el año) pero por un importe menor (el promedio de lo percibido durante el año).

---

[86] VV. AA.: «*Trabajo a tiempo parcial. paso a paso…*», *op. cit*, pág. 90.

[87] Real Decreto Ley 2/2023, de 16 de marzo, de medidas urgentes para la ampliación de derechos de los pensionistas, la reducción de la brecha de género y el establecimiento de un nuevo marco de sostenibilidad del sistema público de pensiones, BOE 17/3/2023, núm. 65.

Consecuencia: este grupo tiene más facilidad para acceder a las prestaciones contributivas, pero, se beneficia de una menor intensidad de la acción protectora.

6.2.4. CUANTÍA DE LAS PRESTACIONES ECONÓMICAS

Las prestaciones de la Seguridad Social suelen ser la cuantía resultante de aplicar un porcentaje a una base reguladora. Al respecto, hay que recordar también que las cuotas de Seguridad Social también pueden tener incidencia en la concreción del porcentaje aplicable sobre la base reguladora.

Las personas trabajadoras que, prolonguen su actividad con un contrato a tiempo parcial se les reconocerá el complemento económico de la pensión de jubilación previsto en el art. 210.2 TRLGSS. En el caso de los trabajadores/as a tiempo parcial, para alcanzar cada año completo cotizado se tendrán en cuenta los periodos de cotización como si hubiera trabajado a tiempo completo.

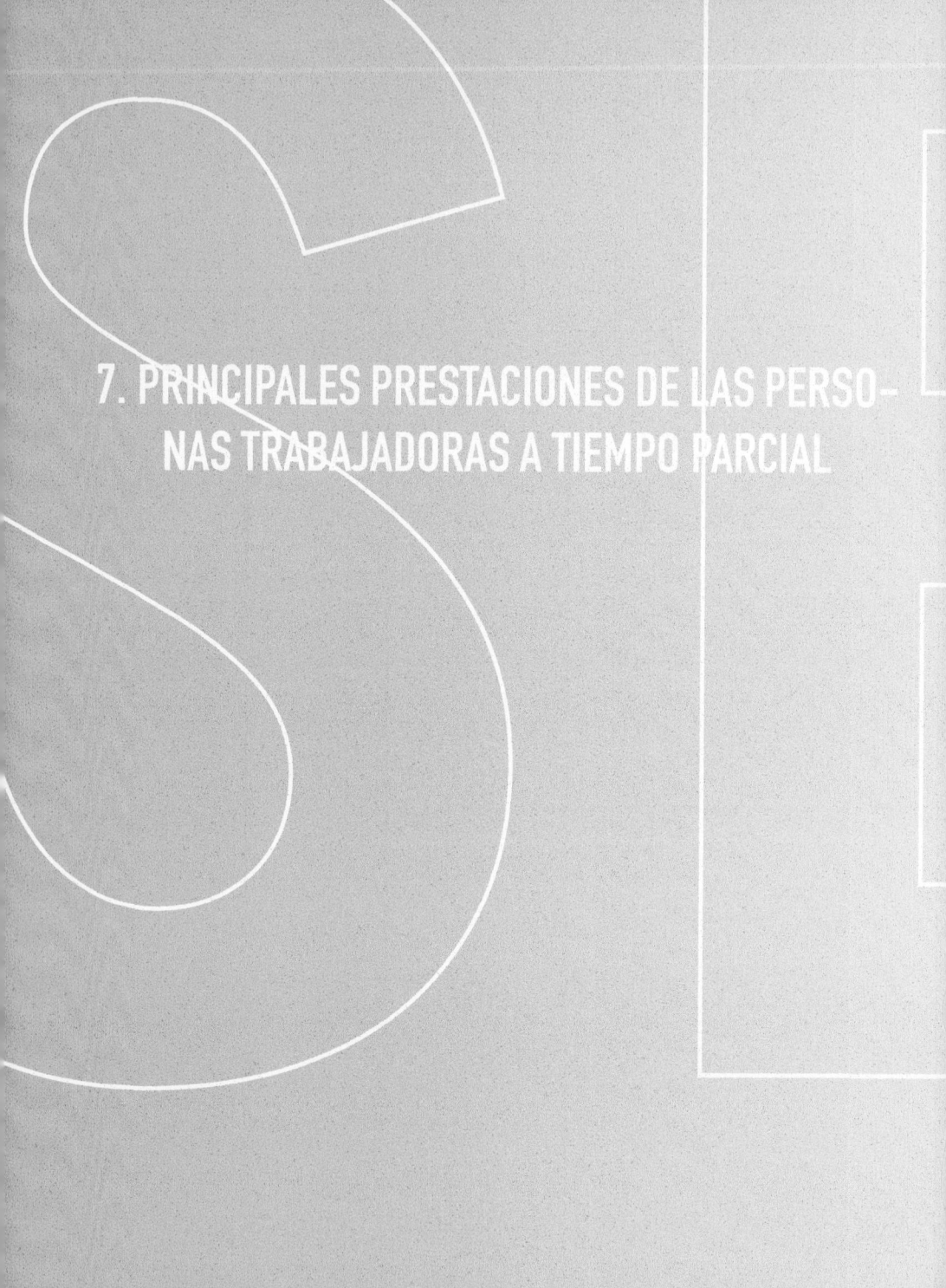

7. PRINCIPALES PRESTACIONES DE LAS PERSONAS TRABAJADORAS A TIEMPO PARCIAL

7. PRINCIPALES PRESTACIONES DE LAS PERSONAS TRABAJADORAS A TIEMPO PARCIAL

Las disposiciones sobre la protección social derivada de los contratos a tiempo parcial se encuentran recogidas en la Sección 1.ª, Capítulo XVII, Título II TRLGSS.

> Tanto las pensiones como los subsidios son aplicables a todas las personas trabajadoras con contrato a tiempo parcial.

7.1. JUBILACIÓN

La normativa básica de la prestación de jubilación está regulada en los arts. 204 y siguientes TRLGSS, cuyas últimas modificaciones han sido:

- La Ley 21/2021, de 28 de diciembre[88].
- El Real Decreto Ley 2/2023, de 16 de marzo[89].
- Real Decreto Ley 11/2024, de 23 de diciembre[90].

---

[88] Ley 21/2021, de 28 de diciembre, de garantía del poder adquisitivo de las pensiones y de otras medidas de refuerzo de la sostenibilidad financiera y social del sistema público de pensiones. BOE 29/12/2021, núm. 312.

[89] Real Decreto Ley 2/2023, de 16 de marzo, de medidas urgentes para la ampliación de derechos de los pensionistas, la reducción de la brecha de género y el establecimiento de un nuevo marco de sostenibilidad del sistema público de pensiones. BOE 17/03/2023, núm. 65.

[90] Real Decreto Ley 11/2024, de 23 de diciembre, para la mejora de la compatibilidad de la pensión de jubilación con el trabajo. BOE 24/12/2024, núm. 309.

De conformidad con el art. 42 TRLGSS, la jubilación forma parte de la acción protectora del sistema de Seguridad Social. Es una prestación económica que recibe la persona beneficiaria que se determina en función de la edad y el periodo de cotización.

La jubilación consiste en una pensión vitalicia que será reconocida a cada persona beneficiaria, en las condiciones, cuantía y forma que reglamentariamente se determinen cuando, alcanzada la edad establecida, cese o haya cesado en el trabajo por cuenta ajena (art. 204 TRLGSS).

Los **elementos determinantes de la contingencia de jubilación** son el cese de una actividad previa y la edad.

Para poder acceder a la jubilación, se deben cumplir los siguientes requisitos:

SITUACIÓN DE ALTA O ASIMILADA Y NO ALTA (edad ordinaria de jubilación)

EDAD MÍNIMA

PERIODO DE COTIZACIÓN

Gráfico núm. 30. Fuente: elaboración propia SEC-UGT.

Situación de alta o asimilada: el art. 205.3 TRLGSS establece que la pensión de jubilación puede causarse, aunque las personas interesadas no se encuentren en el momento del hecho causante en alta o en situación asimilada al alta, siempre que reúnan los requisitos de edad ordinaria y periodo de cotización.

Edad general de jubilación ordinaria: depende de los años cotizados a lo largo de la vida laboral. A partir del año 2027, la edad de jubilación estará limitada a los 65 años para quienes tengan acreditada una carrera de cotización de 38 años y 6 meses mientras que, quienes no alcancen dicha cotización, su edad de jubilación será los 67 años (para el año 2025 son 66 años y 8 meses si la cotización es menor de 38 años y 3 meses).

Periodo mínimo de cotización: establecer un periodo de carencia mínimo es un requisito habitual de acceso a la protección social. El art. 205.1.b) TRLGSS exige tener cubierto un periodo mínimo de 15 años, de los cuales al menos 2 deben estar comprendidos dentro de los 15 años inmediatamente anteriores al momento de causar el derecho.

Gráfico núm. 31. Fuente: elaboración propia SEC-UGT.

El art. 247 Real Decreto Ley 2/2023 equipara el trabajo a tiempo parcial con el trabajo a tiempo completo a efectos de acreditar los periodos de cotización necesarios para causar derecho a las prestaciones de jubilación, incapacidad permanente, muerte y supervivencia, incapacidad temporal y nacimiento y cuidado de menor. Se tendrán en cuenta los distintos periodos durante los cuales la persona trabajadora haya permanecido en alta con un contrato a tiempo parcial, cualquiera que sea la duración de la jornada realizada en cada uno de ellos.

STS núm. 167/2025, de 5 de marzo: jubilación de trabajadora a tiempo parcial. Inaplicación del coeficiente de parcialidad por su carácter discriminatorio, aunque el hecho causante sea anterior al RDL 2/2023.

«lo que no resulta justificado es que se establezca una diferencia de trato entre trabajadores a tiempo completo y trabajadores a tiempo parcial, no ya en cuanto a la reducción de la base reguladora para el trabajador a tiempo parcial en función de su menor base de cotización, sino en cuanto a la reducción adicional derivada de la aplicación del coeficiente de parcialidad. Este coeficiente reduce el número efectivo de días cotizados, diferenciación que no solo conduce a un resultado perjudicial en el disfrute de la protección de la Seguridad Social para los trabajadores contratados a tiempo parcial, sino que, además, supone, conforme ha declarado la jurisprudencia constitucional, una discriminación indirecta por razón de

sexo». La normativa aplicable en el momento del hecho causante, art.247 de la LGSS en su redacción entonces vigente, exigía la aplicación del coeficiente de parcialidad, lo que afectaba directamente a las personas trabajadoras con contratos a tiempo parcial. Sin embargo, este coeficiente fue suprimido por el Real Decreto Ley 2/2023, de 16 de marzo, orientado a reforzar los derechos de los pensionistas y corregir desigualdades, y su eliminación ha sido confirmada por el Real Decreto Ley 11/2024. En este contexto, la Sala acoge la doctrina del Tribunal Constitucional, según la cual la aplicación del coeficiente de parcialidad constituía una limitación injustificada y desproporcionada en el acceso a la pensión de jubilación para las personas trabajadoras a tiempo parcial, dando lugar a una situación de desprotección social contraria a los principios de igualdad y no discriminación.

A partir del 1 de enero de 2026, respecto al cálculo de la pensión de jubilación, se llevará a cabo la integración de los periodos en los que no existiera obligación de cotizar conforme a lo dispuesto en los art. 209.1 y 197.4 TRLGSS. Se incrementará así la base reguladora, al eliminar la previsión de que la base de cotización a tener en cuenta para cubrir esos periodos sea la correspondiente al número de horas contratadas en última instancia.

En cuanto a la **prestación económica**, se trata de una pensión vitalicia[91] porque se concede con carácter indefinido hasta el fallecimiento del causante (salvo que la persona decida volver a trabajar) y variable, en función de las características de cada persona (años cotizados y bases de cotización). Además, la cuantía está sujeta a unos topes máximos y mínimos.

La cuantía de la pensión de jubilación se obtiene de aplicar un porcentaje a la base reguladora (BR) que corresponda, según los años cotizados.

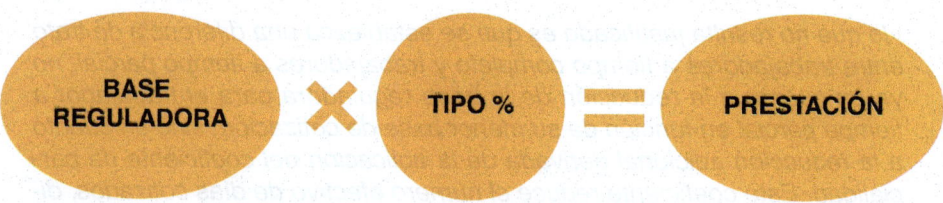

Gráfico núm. 32. Fuente: elaboración propia SEC-UGT.

---

[91] En determinados supuestos, la prestación de jubilación puede verse suspendida por dejar de concurrir las circunstancias legalmente previstas, puede ser el caso de una persona jubilada que reanuda su actividad laboral por cuenta propia o ajena.

> La base reguladora de las prestaciones de jubilación de las personas trabajadoras a tiempo parcial se calcula conforme a la regla general.

En la actualidad, la base reguladora de la pensión de jubilación será el cociente de dividir 350 (las bases de cotización de la persona beneficiaria) entre 300[92] meses (25 años) inmediatamente anteriores al mes previo al hecho causante, de conformidad con el art. 209.1 TRLGSS.

A partir de 2026, con la modificación introducida por el Real Decreto Ley 2/2023, la base reguladora será el cociente de dividir entre 378, la suma de las bases de cotización del interesado durante 324 meses anteriores al mes previo al del hecho causante. Se mantendrá un sistema dual hasta 2040 en el que se establecen unos periodos de aplicación muy largos para que ninguna persona trabajadora salga perjudicada. Habrá un derecho de opción para calcular la base reguladora con la que se determina la pensión de jubilación. Es decir, se permitirá elegir entre 2 opciones, dependiendo cuál de las 2 beneficie más al futuro pensionista.

> El porcentaje usado para el cálculo de las prestaciones de jubilación en los contratos a tiempo parcial se calculará conforme a la regla general.

Los porcentajes de aplicación sobre la BR están regulados en el art. 210 TRLGSS, no obstante, estos porcentajes se vienen aplicando gradualmente conforme a la tabla de la Disposición transitoria 9.ª TRLGSS.

---

[92] Integración de lagunas: Si en el periodo que debe tomarse para el cálculo de la BR aparecieran meses durante los cuales no hubiese existido la obligación de cotizar, las primeras 48 mensualidades se integrarán con la base mínima de entre todas las existentes en cada momento y el resto de las mensualidades con el 50 % de dicha base mínima. En los supuestos en que, en alguno de los meses a tener en cuenta para la determinación de la base reguladora, la obligación de cotizar exista sólo durante una parte del mes, procederá la integración señalada en el párrafo anterior por la parte del mes en que no exista obligación de cotizar, siempre que la base de cotización correspondiente al primer periodo no alcance la cuantía de la base mínima mensual señalada. En tal supuesto, la integración alcanzará hasta esta última cuantía. El Real Decreto Ley 2/2023, incluye medidas para reducir la brecha de género en las pensiones. En relación con las lagunas de cotización, se mantiene el actual sistema para cubrir estas (meses sin cotización) en el Régimen General, aunque mejorándolo para las mujeres. Se aplicará el 100 % de la base mínima entre el mes 49 y el 60 sin cotización (100 % hasta el quinto año) y el 80 % de la base mínima entre el mes 61 y el 84 (del quinto al séptimo año). Esta medida estará vigente mientras la brecha de género sea superior al 5 % y podrá aplicarse a hombres en situaciones comparables.
Además, por primera vez, a los autónomos también se les cubrirán las lagunas de cotización durante los 6 meses siguientes a cada situación de cese de actividad y se cubre con la base mínima de la tabla general de este Régimen Especial de la Seguridad Social de los Trabajadores por Cuenta Propia.

Existen distintas modalidades de jubilación en función de la edad de acceso, de si se accede a ella por causas no imputables a las personas trabajadoras o de forma voluntaria y de si es o no jubilación plena.

En relación con la última modalidad de jubilación, es importante señalar que el disfrute de la pensión de jubilación será incompatible con el trabajo del pensionista, con las salvedades y en los términos que legal o reglamentariamente se determinen.

No obstante, las personas que accedan a la jubilación podrán compatibilizar el percibo de la pensión con un trabajo a tiempo parcial en los términos que reglamentariamente se establezcan. Durante dicha situación, se minorará el percibo de la pensión en proporción inversa a la reducción aplicable a la jornada de trabajo del pensionista en relación con la de una persona trabajadora a tiempo completo comparable.

Se debe tener en cuenta que existen diversos supuestos de compatibilidad entre el percibo de la pensión y el trabajo, sin que sea necesaria la suspensión de la misma. Algunos de estos supuestos son:

- Posibilidad de compatibilizar el percibo del 100 % de la cuantía de la pensión con la realización de una actividad.

- Posibilidad de compatibilizar el percibo de un porcentaje de la pensión inferior al 100 % con el trabajo:

  - La jubilación flexible.
  - La jubilación parcial.
  - Pensión de jubilación y envejecimiento activo (comúnmente conocida como «jubilación activa», la cual se regula en los arts. 153 y 214 TRLGSS).

No obstante, se puede compatibilizar el 100 % de la pensión en el supuesto del art. 214.2 TRLGSS.

- Jubilación parcial:

Se regula en el art. 215 TRLGSS, arts. 12.6 y 7 ET y arts. 9 y siguientes del Real Decreto 1131/2002, de 31 de octubre[93].

---

[93] Real Decreto 1131/2002, de 31 de octubre, por el que se regula la Seguridad Social de los trabajadores contratados a tiempo parcial, así como la jubilación parcial. BOE 27/11/2002, núm. 284.

La persona trabajadora que, cumpliendo la edad a que se refiere el artículo 205.1.a) y reuniendo los requisitos para causar derecho a la pensión de jubilación, pasa de un contrato a tiempo completo a uno a tiempo parcial y accede a la pensión de jubilación por la parte que corresponda al resto de la jornada laboral.

De esta forma, la persona que se jubila parcialmente recibirá el salario en proporción al porcentaje de jornada laboral que realice y cobrará un porcentaje de la pensión de jubilación en función a la jornada reducida.

Compatibilidades e incompatibilidades de la jubilación parcial:

La percepción de la pensión de jubilación parcial será compatible con el puesto de trabajo a tiempo parcial resultante de la reducción de jornada (art. 215. 4 TRLGSS).

COMPATIBILIDADES (art. 14.1 RD 1131/2002)

Con el trabajo a tiempo parcial en la empresa y, en su caso, con otros trabajos a tiempo parcial anteriores a la situación de jubilación parcial, siempre que no se aumente la duración de su jornada. En caso de aumentarse la duración de su jornada, la pensión de jubilación parcial quedará en suspenso.

Con los trabajos a tiempo parcial concertados con posterioridad a la situación de jubilación parcial, cuando se haya cesado en los trabajos que se venían desempeñando con anterioridad en otras empresas, siempre que no se aumente la duración de la jornada realizada hasta entonces. En caso de aumentarse la duración de su jornada, la pensión de jubilación parcial quedará en suspenso.

Con la pensión de viudedad, la prestación de desempleo, y con otras prestaciones sustitutorias de las retribuciones que correspondieran a los trabajos a tiempo parcial concertados con anterioridad a la situación de jubilación parcial (como la prestación por nacimiento y cuidado del menor, el subsidio de IT, entre otros).

INCOMPATIBILIDADES (art. 14.2 RD 1131/2002)

Con las pensiones de incapacidad permanente absoluta y gran incapacidad.

Con la pensión de jubilación que pudiera corresponder por otra actividad distinta a la realizada en el contrato de trabajo a tiempo parcial.

Con la pensión de incapacidad permanente total para el trabajo que se preste en virtud del contrato que dio lugar a la jubilación parcial.

Gráfico núm. 33. Fuente: elaboración propia SEC-UGT.

STS núm. 219/2023, de 22 de marzo: jubilación parcial y prestación de desempleo.

La cuestión suscitada consiste en determinar si están en situación legal de desempleo las personas trabajadoras indefinidas contratadas a tiempo parcial y con periodos de trabajo concentrados, cuando siguen en alta y cotizándose por ellas en los periodos de inactividad sin que su contrato esté extinguido, suspendido o reducido.

Se trata de un ERTE de suspensión del contrato afectante a un periodo en el que no había prestación de la persona jubilada parcial.

El TS reitera doctrina y rechaza que constituya situación legal de desempleo puesto que en los periodos concertados la persona trabajadora sigue en alta en la Seguridad Social. Durante los periodos de inactividad mantiene su contrato de trabajo y no lo tiene extinguido, suspendido ni reducido. En definitiva, la persona trabajadora no se encuentra en ninguna de las situaciones contempladas en el art. 267.1 TRLGSS como situación legal de desempleo; puesto que no se ha producido la extinción ni suspensión del contrato ni tampoco la reducción de jornada.

Devengo, suspensión y extinción

■ La jubilación parcial se **extingue** por (art. 16 RD 1131/2002):

■ El fallecimiento del pensionista.

■ El reconocimiento de la jubilación ordinaria o anticipada, en virtud de cualquiera de las modalidades legalmente previstas.

■ El reconocimiento de una pensión de incapacidad permanente, declarada incompatible.

■ La extinción del contrato de trabajo a tiempo parcial, realizado por el jubilado parcial, salvo cuando se tenga derecho a prestación de desempleo, compatible con la jubilación parcial, o a otras prestaciones sustitutorias de las retribuciones percibidas en aquél, en cuyo caso la extinción de la jubilación parcial se producirá en la fecha de la extinción de las mismas (salvo extinciones del contrato de trabajo declaradas improcedentes, en cuyo caso se mantendrá el derecho a la jubilación parcial).

> **STSJ de Castilla y León, núm. 62/2018, de 7 de febrero: extinción de la jubilación parcial.**
>
> En esta sentencia, la persona trabajadora, en situación legal y reconocida de jubilación parcial, solicita excedencia voluntaria por cuidado de familiar de tercer grado, la cual se le concede. No obstante, se deja sin efecto la situación de jubilación parcial reconocida durante aquélla y se le reclaman las prestaciones consideradas como indebidas.
>
> «*De la interpretación conjunta de ambos preceptos (arts. 14 y 16 RD 1131/2002, de 31 de octubre), debemos destacar: de un lado, la jubilación parcial solo se extingue en supuestos de extinción del propio contrato de trabajo, lo que no es el caso de la excedencia que nos ocupa del art. 46.3 ET. De otro lado, que entre las incompatibilidades reguladas para poder tener derecho a la propia prestación de jubilación parcial no se contempla el supuesto de la reiterada excedencia por cuidado de familiar del art. 46.3 ET*».

Serán de aplicación las reglas generales sobre el porcentaje adicional por retraso voluntario de la pensión de jubilación y el complemento de pensiones para reducir la brecha de género.

Se aplican las mismas reglas que para las personas con contrato de trabajo a tiempo completo en cuanto al abono de la prestación, su duración, suspensión y extinción de la prestación.

7.2. INCAPACIDAD PERMANENTE

La **normativa aplicable** a esta contingencia se encuentra contenida en el Capítulo XI del título II «*incapacidad permanente contributiva*», arts. 193 a 200 TRLGSS.

En la modalidad contributiva, **la incapacidad permanente (IP)** es la situación de la persona trabajadora que, después de haber sido sometida al tratamiento prescrito, presenta reducciones anatómicas o funcionales graves, susceptibles de determinación objetiva y previsiblemente definitivas que disminuyan o anulen su capacidad laboral (art. 193 TRLGSS).

De conformidad con el art. 194 TRLGSS, la IP, se clasificará, en función del porcentaje de reducción de la capacidad de trabajo de la persona, en distintos grados. Cada uno de estos dará derecho, en su caso, a la correspondiente prestación económica por incapacidad permanente.

```
                          ┌─────────────────┐
                          │   GRADOS DE     │
                          │  INCAPACIDAD    │
                          └─────────────────┘
```

| Incapacidad permanente parcial (IPP) para la profesión habitual: conlleva disminución no inferior al 33 % en su rendimiento normal para dicha profesión. | Incapacidad permanente total (IPT) para la profesión habitual: inhabilita a la persona trajadora para su profesión habitual, siempre que pueda dedicarse a otra distinta. | Incapacidad permanente absoluta para todo trabajo (IPA): inhabilita al trabajador/a para toda profesión u oficio. | Gran incapacidad (GI): situación del trabajador/a afecto de IPA y que, como consecuencia de pérdidas anatómicas o funcionales, necesita la asistencia de otra persona para realizar los actos más esenciales de la vida, tales como vestirse, desplazarse, comer y análogos. |

Gráfico núm. 34. Fuente: elaboración propia SEC-UGT.

La contingencia de incapacidad permanente requiere el cumplimiento de **los siguientes requisitos** (art. 195 TRLGSS):

■ Estar afiliadas y en alta o en situación asimilada al alta.

■ No tener la edad legal de jubilación prevista en el TRLGSS.

■ Periodo previo de cotización, que dependerá de si la incapacidad deriva de enfermedad común o profesional[94].

Al igual que en la pensión de jubilación, **la prestación económica** de IP es la cuantía resultante de aplicar un porcentaje a una base reguladora.

---

[94] Ver Guía práctica de la incapacidad de la persona trabajadora y las prestaciones derivadas en el Régimen General de la Seguridad Social del SEC. https://www.edicionescinca.com/producto/guia-practica-de-la-incapacidad-de-la-persona-trabajadora-y-las-prestaciones-derivadas-en-el-regimen-general-de-la-seguridad-social/

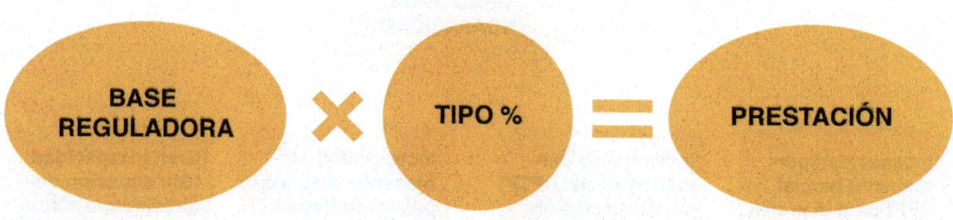

Gráfico núm. 35. Fuente: elaboración propia SEC-UGT.

La base reguladora para la prestación de incapacidad permanente para personas con contrato a tiempo parcial se calcula conforme a la regla general en función de las contingencias (arts. 196 y 197 TRLGSS).

Las **cuotas de Seguridad Social también pueden tener incidencia en la concreción del porcentaje aplicable sobre la base** reguladora, en el supuesto de la IP por enfermedad común. En estos casos, el porcentaje aplicable depende de la carrera de cotización de la persona beneficiaria (art. 210 TRLGSS).

A efectos del cálculo de la base reguladora de la pensión de incapacidad permanente derivada de contingencias comunes, en lo no previsto expresamente en el RD 1131/2002, se aplicarán las normas establecidas con carácter general para la determinación de la cuantía de las pensiones (art. 7 RD 1131/2002).

En relación con la pensión incapacidad permanente, derivada de enfermedad común o de accidente no laboral, la integración de los periodos durante los que no haya habido obligación de cotizar se llevará a cabo con la base mínima de cotización de entre las aplicables en cada momento, correspondiente al número de horas contratadas en la fecha en que se interrumpió o extinguió la obligación de cotizar (art. 7 RD 1131/2002).

Desde el 1 de enero de 2026, respecto al cálculo de la pensión de incapacidad permanente derivada de enfermedad común, se llevará a cabo la integración de los periodos en los que no existiera obligación de cotizar conforme a lo dispuesto en los art. 209.1 y 197.4 TRLGSS. Se incrementará así la base reguladora, al eliminar la previsión de que la base de cotización a tener en cuenta para cubrir esos periodos sea la correspondiente al número de horas contratadas en última instancia.

> **STS núm. 689/2024, de 9 de mayo: los periodos de cotización asimilados por parto para el periodo de carencia exigible en el acceso a la pensión de incapacidad permanente total de trabajadora a tiempo parcial.**
>
> El TS estima que las cotizaciones ficticias por parto no pueden verse reducidas en su cómputo a la hora de obtener el periodo de carencia de pensión que se reclama, aunque la madre trabajadora lo sea a tiempo parcial.

Devengo, suspensión y extinción

Se aplican las mismas reglas que para las personas con contrato de trabajo a tiempo completo en cuanto al abono de la prestación, la revisión de grado, la suspensión y extinción de la prestación.

7.3. DESEMPLEO

La normativa básica sobre protección social en materia de protección por desempleo está regulada en los arts. 262 TRLGSS y siguientes. Su desarrollo reglamentario se recoge en el Real Decreto 625/1985, de 2 de abril[95].

Como concreta el art. 245 TRLGSS, la protección social derivada de los contratos de trabajo a tiempo parcial se regirá por el principio de asimilación a la persona trabajadora a tiempo completo y específicamente por lo dispuesto en los arts. 269.2 y 270.1 con relación a la protección por desempleo.

La contingencia de desempleo se define como aquella situación en que se encuentren quienes, pudiendo y queriendo trabajar, pierdan su empleo o vean suspendido su contrato o reducida su jornada ordinaria de trabajo, en los términos previstos en el art. 267 TRLGSS.

---

[95] Real Decreto 625/1985, de 2 de abril, por el que se desarrolla la Ley 31/1984, de 2 de agosto, de Protección por Desempleo. BOE 07/05/1985, núm. 109.

TIPOS DE DESEMPLEO (art. 262.2 y 3 TRLGSS)

El desempleo será total cuando el trabajador/a cese, con carácter temporal o definitivo, en la actividad que venía desarrollando y sea privado, consiguientemente, de su salario.

A estos efectos, se entenderá por desempleo total el cese total del trabajador/a en la actividad por días completos, continuados o alternos, durante, al menos, una jornada ordinaria de trabajo, en virtud de suspensión temporal de contrato o reducción temporal de jornada, decididas por el empresario al amparo de lo establecido en el art. 47 ET o de resolución judicial adoptada en el seno de un procedimiento concursal.

El desempleo será parcial cuando el trabajador/a vea reducida temporalmente su jornada diaria ordinaria de trabajo, entre un mínimo de un 10 y un máximo de un 70 %, siempre que el salario sea objeto de análoga reducción.

A estos efectos, se entenderá por reducción temporal de la jornada diaria ordinaria de trabajo, aquella que se decida por el empresario al amparo de lo establecido en el art. 47 ET o de resolución judicial adoptada en el seno de un procedimiento concursal, sin que estén comprendidas las reducciones de jornadas definitivas o que se extiendan a todo el periodo que resta de la vigencia del contrato de trabajo.

Gráfico núm. 36. Fuente: elaboración propia SEC-UGT.

Los distintos niveles de protección son (art. 263 TRLGSS):

PROTECCIÓN POR DESEMPLEO:
Se estructura en 2 niveles, ambos de carácter público y obligatorio.

NIVEL CONTRIBUTIVO:

Tiene como objeto proporcionar prestaciones sustitutivas de las rentas salariales dejadas de percibir como consecuencia de la pérdida de un empleo anterior o de la suspensión del contrato o reducción de la jornada.

NIVEL ASISTENCIAL:

Es complementario del contributivo, garantiza la protección a las personas trabajadoras desempleadas que se encuentren en alguno de los supuestos incluidos en el art. 274 TRLGSS.

Gráfico núm. 37. Fuente: elaboración propia SEC-UGT.

Para tener derecho a la prestación por desempleo se deben reunir **los siguientes requisitos** (art. 266 TRLGSS):

SITUACIÓN DE ALTA O ASIMILADA	• Estar afiliadas a la Seguridad Social y en situación de alta o asimilada al alta en los casos que legal o reglamentariamente se determinen.
PERIODO MÍNIMO DE COTIZACIÓN	• Tener cubierto el periodo mínimo de cotización a que se refiere el art. 269.1 TRLGSS (360 días), dentro de los 6 años anteriores a la situación legal de desempleo o al momento en que cesó la obligación de cotizar.
SITUACIÓN LEGAL DE DESEMPLEO	• Encontrarse en situación legal de desempleo, acreditar disponibilidad para buscar activamente empleo y para aceptar colocación adecuada a través de la suscripción del acuerdo de actividad al que se refiere el art. 300 TRLGSS.
EDAD	• No haber cumplido la edad ordinaria que se exija en cada caso para causar derecho a la pensión contributiva de jubilación, salvo que el trabajador/a no tuviera acreditado el periodo de cotización requerido para ello o se trate de supuestos de suspensión de contrato o reducción de jornada.
DEMANDANTE DE EMPLEO	• Estar inscrito como demandante de empleo en el servicio público de empleo competente.

Gráfico núm. 38. Fuente: elaboración propia SEC-UGT.

Si en el momento de la situación legal de desempleo se mantienen uno o varios contratos a tiempo parcial se tendrán en cuenta exclusivamente, a los solos efectos de cumplir el requisito de acceso a la prestación, los periodos de cotización en los trabajos en los que se haya perdido el empleo o se haya visto suspendido el contrato o reducida la jornada ordinaria de trabajo.

En relación con **la duración y la cuantía de la prestación** por desempleo de las personas trabajadoras con jornada a tiempo parcial, el TRLGSS remite al desarrollo reglamentario de los arts. 269.2 y 270.1 TRLGSS.

Cuando las cotizaciones acreditadas correspondan a trabajos a tiempo parcial realizados al amparo del art. 12 ET, se computará el periodo durante el que la persona trabajadora haya permanecido en alta con independencia de que se hayan trabajado todos los días laborables o solo parte de los mismos, y ello, cualquiera que haya sido la duración de la jornada (art. 3.4 Real Decreto 625/1985). Por tanto, cada jornada (a tiempo completo o parcial) suma un día completo para el cálculo de la duración de la prestación.

La cuantía de la prestación por desempleo se obtiene de aplicar un porcentaje a la BR que corresponda (art. 270 TRLGSS).

Gráfico núm. 39. Fuente: elaboración propia SEC-UGT.

La BR de la prestación por desempleo se calculará dividiendo por 180 la suma de las cotizaciones por la contingencia de desempleo correspondientes a los últimos 180 días cotizados precedentes al día en que se haya producido la situación legal de desempleo o al del que cesó la obligación de cotizar. Para el cálculo de la base reguladora no se computarán las cotizaciones correspondientes al tiempo de abono de la prestación que efectúe la entidad gestora o, en su caso, la empresa, ni la retribución por horas extraordinarias (art. 4 Real Decreto 625/1985).

BR = Bases de cotización últimos 180 días/180

Cuando exista descubierto de cotización durante alguno de los días computables a efectos de determinar la base reguladora, ésta se completará estimando la que hubiera correspondido de haberse cotizado.

Porcentajes:

| Se aplica a la base reguladora uno de los siguientes porcentajes: | • 70 % durante los 180 primeros días.
• 60 % a partir del día 181. |

La prestación tiene unas cuantías máximas y mínimas[96]:

| CUANTÍA MÁXIMA | • 175 % del indicador público de rentas de efectos múltiples (IPREM), salvo cuando el trabajador/a tenga uno o más hijos a su cargo, en cuyo caso la cuantía será, respectivamente, del 200 % o del 225 % de dicho indicador. |

| CUANTÍA MÍNIMA | • 107 % o del 80 % del IPREM, según el trabajador/a tenga o no, respectivamente, hijos a su cargo. |

Gráfico núm. 40. Fuente: elaboración propia SEC-UGT.

---

[96] Se tendrá en cuenta el indicador público de rentas de efectos múltiples mensual vigente en el momento del nacimiento del derecho, incrementado en una sexta parte. Conforme a la Ley 31/2022, de 23 de diciembre, de presupuestos generales del Estado para el año 2023, el importe será, en términos anuales (con el prorrateo de un sexto), de 8.400 y, en cómputo mensual (con dicho prorrateo), de 700 euros.

En caso de desempleo derivado de trabajo a tiempo parcial o a tiempo completo, las cuantías máximas y mínimas de la prestación se determinarán teniendo en cuenta el IPREM calculado en función del promedio de las horas trabajadas durante el periodo de los últimos 180 días, ponderándose tal promedio en relación con los días en cada empleo a tiempo parcial o completo durante dicho periodo.

Cuando la persona trabajadora tenga 2 contratos a tiempo parcial y pierda uno de ellos, la BR de la prestación por desempleo será el promedio de las bases por las que se haya cotizado por dicha contingencia en ambos trabajos durante los 180 días del periodo del art. 269.1 TRLGSS, y las cuantías máxima y mínima se determinarán teniendo en cuenta el IPREM en función de las horas trabajadas en ambos trabajos.

Durante la percepción de la prestación por desempleo, la base por la que deberá cotizarse a la Seguridad Social **en los casos de desempleo parcial o trabajo a tiempo parcial se reducirá en proporción a la disminución de la jornada** o de la cuantía de la prestación, respectivamente (art. 19 Real Decreto 625/1985).

STS núm. 195/2024, de 29 de enero: límite máximo de la prestación por desempleo de nivel contributivo cuando el desempleo es total, pero como consecuencia de la pérdida de un trabajo a tiempo parcial.

La cuestión suscitada se centra en determinar el límite máximo de la prestación de desempleo cuando el desempleo es total, pero se produce tras la pérdida de un trabajo a tiempo parcial respecto a su cuantía máxima. El TS reitera doctrina en relación con la interpretación del art. 270.3 TRLGSS y que lleva a desestimar la demanda interpuesta por la persona trabajadora en la que impugna la resolución del SPEE que aplicó el coeficiente de parcialidad en función del promedio de horas trabajadas durante el periodo de los últimos 180 días a pesar de ser su situación de desempleo total.

Esta solución no se opone a la cláusula 4 de la Directiva 97/81, relativa al Acuerdo marco sobre el trabajo a tiempo parcial, en la que se contiene el principio de no discriminación en las condiciones de empleo de las personas trabajadoras a tiempo parcial, y precisamente porque la actividad que llevan a cabo durante un número de horas o de días inferior a una persona trabajadora a tiempo completo hace que no resulte contrario al principio de igualdad de trato el establecimiento de tales topes legales para el percibo de las prestaciones y la consecuencia de que tengan un techo diferente, acorde precisamente con la actividad y en proporción a la misma.

Esta opción normativa basada en esa diferencia no es discriminatoria sino objetivamente justificada, cuando, además, la previsión de llevar a cabo el cálculo de referencia se refiere tanto a los supuestos de pérdida de empleo a tiempo parcial como a los de tiempo completo.

Compatibilidades con el trabajo a tiempo parcial

La prestación por desempleo será incompatible con el trabajo por cuenta ajena, excepto cuando éste se realice a tiempo parcial y se haya solicitado la compatibilidad por la persona trabajadora, en cuyo caso se deducirá del importe de la prestación, la parte proporcional al tiempo trabajado (art. 15 RD 625/1985). Se establecen distintas situaciones:

COMPATIBILIDAD

Cuando una persona trabajadora esté percibiendo prestación o subsidio por desempleo como consecuencia de la pérdida de un trabajo a tiempo completo o parcial y obtenga una colocación a tiempo parcial, se le deducirá del importe de la prestación o subsidio la parte proporcional al tiempo trabajado.

Cuando una persona trabajadora realice un trabajo a tiempo completo y otro a tiempo parcial, si pierde el trabajo a tiempo parcial, no podrá percibir prestación o subsidio por desempleo; si pierde el trabajo a tiempo completo percibirá prestación o subsidio por desempleo, deduciéndose de la cuantía correspondiente la parte proporcional al tiempo trabajado.

Cuando la persona trabajadora realice 2 trabajos a tiempo parcial y pierda uno de ellos, tendrá derecho a percibir la prestación o subsidio por desempleo que le corresponda, sin deducción alguna. La obtención de un nuevo trabajo a tiempo parcial será incompatible con la prestación o subsidio que se le hubiera reconocido.

En el caso de compatibilidad de la prestación o subsidio por desempleo y trabajo a tiempo parcial, la reducción de la cuantía de dicha prestación o subsidio no alterará su duración computada en días naturales.

Gráfico núm. 41. Fuente: elaboración propia SEC-UGT.

Asimismo, cabe destacar otras compatibilidades: con la pensión de jubilación parcial, con las pensiones o las prestaciones de carácter económico de la Seguridad Social que hubieran sido compatibles con el trabajo que originó la prestación o el subsidio por desempleo, con el ejercicio por elección o designación de cargos públicos o sindicales retribuidos que supongan dedicación parcial, entre otros.

Devengo, suspensión y extinción.

Los arts. 271 y 272 TRLGSS, regulan los supuestos de suspensión, reanudación y extinción de la prestación de desempleo.

7. 4. SUBSIDIOS

7.4.1. SUBSIDIO DE DESEMPLEO

Las personas desempleadas que, cumpliendo los requisitos establecidos, sin tener derecho a la prestación contributiva por desempleo, no encontrarse en supuesto de incompatibilidad y carecer de rentas propias, o bien, alternativamente, acreditar responsabilidades familiares, se encuentren en alguna de las siguientes situaciones (art. 274 TRLGSS):

- Haber agotado la prestación por desempleo. En caso de ser menor de 45 años sin responsabilidades familiares se exigirá, además, que la prestación por desempleo agotada haya tenido una duración igual o superior a 360 días.

- Encontrarse en situación legal de desempleo sin tener cubierto el periodo mínimo de cotización para tener derecho a la prestación contributiva, siempre que hayan cotizado al menos 90 días.

■ Podrán acceder a estos subsidios quienes mantengan uno o varios contratos a tiempo parcial, siempre que la suma de las jornadas trabajadas en dichos contratos sea inferior a una jornada completa y cumplan el resto de los requisitos.

La duración máxima del subsidio por desempleo se determinará en función de la edad de la persona solicitante en la fecha de agotamiento de la prestación por desempleo, la acreditación de responsabilidades familiares, la duración de la prestación por desempleo agotada y el periodo de ocupación cotizado en función de las tablas del art. 277 TRLGSS. En todos los casos el subsidio se reconocerá por periodos trimestrales, prorrogables hasta agotar la duración máxima.

La cuantía del subsidio será igual a los siguientes porcentajes del IPREM mensual vigente en cada momento:

- El 95 % durante los 180 primeros días.
- El 90 % desde el día 181 al día 360.
- El 80 % a partir del día 361.

Devengo, suspensión y extinción

Serán de aplicación al subsidio por desempleo las normas sobre suspensión y extinción previstas para la prestación por desempleo reguladas en los arts. 271 y 272 TRLGSS.

7.4.2. INCAPACIDAD TEMPORAL

El **subsidio por incapacidad temporal** (IT) se configura como una prestación económica de carácter diario, cuya finalidad es sustituir las rentas dejadas de percibir por la persona trabajadora mientras se encuentra imposibilitada temporalmente, para el desempeño de su actividad profesional debido a los siguientes supuestos:

- Enfermedad común o accidente no laboral.
- Enfermedad profesional o accidente de trabajo.
- Periodos de observación por enfermedad profesional, cuando se requiere la baja médica.
- Determinadas situaciones específicas que afectan a la salud de la mujer trabajadora, tales como: (i) menstruación incapacitante secundaria (ii) interrupción del embarazo, voluntaria o involuntaria y (iii) gestación a partir del primer día de la semana 39.º de embarazo.

- Persona trabajadora donante de órganos o tejidos para su trasplante.

Su regulación específica se encuentra en los arts. 169, 245, 247 y 248.1 TRLGSS y art. 4.1c) Real Decreto 1131/2002, de 31 de octubre[97].

Las personas trabajadoras incluidas en el **Régimen General de la Seguridad Social** tienen derecho al subsidio por IT, cuando se encuentren en alguna de las situaciones contempladas en el art. 169 TRLGSS, **siempre que**, además de reunir la condición general de estar afiliadas y en alta o situación asimilada al alta conforme al art. 165.1 TRLGSS, acrediten, en caso de que proceda, los **periodos mínimos de cotización, conforme a lo establecido en el art. 172 TRLGSS.**

Supuesto con requisito de cotización previa

- Cuando la IT derive de una **enfermedad común,** se exige haber cotizado al menos **180 días dentro de los 5 años inmediatamente anteriores** a la fecha del hecho causante.

- En los casos de gestación a partir del primer día de la semana 39 de embarazo, se debe acreditar el periodo mínimo de cotización del art. 178.1 TRLGSS.

Supuestos exentos de periodo de cotización mínima

No será necesario acreditar ningún periodo previo de cotización en los siguientes casos:

- **Accidente de trabajo.**
- **Enfermedad profesional.**
- **Accidente no laboral.**
- **Situaciones especiales, conforme a los párrafos segundo y cuarto del artículo 169.1.a) TRLGSS.**

---

[97] Real Decreto 1131/2002, de 31 de octubre, por el que se regula la Seguridad Social de los trabajadores contratados a tiempo parcial, así como la jubilación parcial. BOE 27/11/2002, núm. 284.

La BR diaria para personas trabajadoras a jornada parcial, se determina conforme a lo dispuesto en el art. 248.1.c) TRLGSS, que establece lo siguiente:

> **BR IT (tiempo parcial)** = Sumatorio de las bases de cotización a tiempo parcial acreditadas desde la última alta (con un máximo de 3 meses inmediatamente anteriores al mes previo al hecho causante) **dividido por el número de días naturales** comprendidos en dicho periodo.

Este método de cálculo se aplica con independencia de que la retribución sea diaria o mensual. La BR así obtenida servirá de referencia para determinar la cuantía del subsidio, aplicándose a continuación los porcentajes legales en función del tipo de contingencia (común o profesional) y del tramo temporal de la prestación.

La prestación por IT consiste en un subsidio diario cuya cuantía se calcula aplicando sobre la base reguladora los siguientes porcentajes, salvo mejoras por convenio colectivo:

Cuantía del subsidio por IT según contingencia y tramo temporal			
Situación de IT	Días 1-3	Días 4-20	Día 21 en adelante
Enfermedad común / Accidente no laboral	Sin subsidio	60 % de la base reguladora	75 % de la base reguladora
Enfermedad profesional / Accidente de trabajo	75 % desde el día siguiente a la baja	75 % de la base reguladora	75 % de la base reguladora
Menstruación incapacitante secundaria	60 % de la base reguladora	60 % de la base reguladora	75 % de la base reguladora
Donación de órganos y tejidos	100 % (salario íntegro)		
Situación de IT	Día 1	Días 2-20	Día 21 en adelante
Interrupción del embarazo / Semana 39 de gestación	100 % (salario íntegro)	60 % de la base reguladora	75 % de la base reguladora

Cuadro núm. 10. Fuente: elaboración propia SEC-UGT.

Durante la situación de IT, la persona trabajadora a tiempo parcial se considera en **situación asimilada al alta,** y la prestación se devenga por **días naturales,** al igual que la cotización, conforme a los criterios del **INSS y la TGSS.**

Caso práctico:

Una persona trabajadora con un contrato a tiempo parcial (75 %) inicia un proceso de IT por enfermedad común el 16/05/2025. Tiene tipo de cobro mensual. Para el cálculo de la BR diaria se toman como referencia los meses de febrero, marzo y abril de 2025, cuyas bases de cotización por contingencias comunes son las siguientes: febrero 850,00 €, marzo: 950,00 € y abril: 950,00 €

Solución:

La suma total de las bases de cotización de esos tres meses asciende a 2.750,00 €, y el total de días naturales del periodo es de 90 días (29 + 31 + 30).

La BR diaria resultante será: **2.750,00 € ÷ 90 días = 30,56 €/día**

Conforme al art. 172.1 TRLGSS, salvo mejora por convenio colectivo, el subsidio indicado se percibe de la siguiente forma:

➤ Días 1 a 3 de la baja: sin derecho a subsidio.
➤ Días 4 al 20: 60 % de la base reguladora → 30,56 € × 60 % = 18,34 €/día
➤ A partir del día 21: 75 % de la base reguladora → 30,56 € × 75 % = 22,92 €/día

El subsidio por incapacidad temporal (IT) se abonará mientras la persona beneficiaria se mantenga en dicha situación, con los siguientes límites de duración:

En caso de **enfermedad o accidente,** laboral o no laboral, la duración máxima será de 365 días naturales, prorrogables por otros 180 días adicionales cuando se prevea que, durante ese periodo, la persona trabajadora pueda ser dada de alta por curación.

En la **situación específica de IT a partir de la semana 39.º de gestación**, el subsidio se abonará hasta la fecha del parto, salvo que con anterioridad la trabajadora hubiera iniciado una situación de riesgo durante el embarazo; en ese caso, continuará percibiendo la prestación correspondiente a dicha situación, mientras esta subsista.

En los **periodos de observación por enfermedad profesional**, el subsidio podrá extenderse durante un máximo de 180 días, prorrogables 180 días adicionales cuando se considere necesario para completar el estudio y diagnóstico de la enfermedad.

A efectos del cómputo del periodo máximo de duración de la IT y de su posible prórroga, se tendrán en cuenta los procesos de recaída y los periodos de observación, con una excepción: los procesos derivados de baja médica por menstruación incapacitante secundaria se considerarán nuevos procesos, por lo que no computarán a efectos del límite máximo de duración ni de la prórroga de la situación de IT.

Extinción del subsidio

El derecho al **subsidio por incapacidad temporal (IT)** para los trabajadores/as a tiempo parcial se **extingue por las mismas causas y en los mismos términos que para las personas trabajadoras a jornada completa**, conforme al **art. 174 TRLGSS**. La extinción se produce de forma automática cuando concurre alguna de las siguientes circunstancias:

- Transcurso del plazo máximo de duración: a los 545 días naturales desde la baja médica, prorrogables hasta 730 si se prevé recuperación o mejora antes de valorar una posible incapacidad permanente.
- Alta médica: ya sea por curación, mejoría, o alta con o sin declaración de incapacidad permanente.
- Incomparecencia injustificada: si no se acude a los reconocimientos médicos del INSS o de la mutua sin causa justificada.
- Denegación de incapacidad permanente sin nueva baja: si no se emite una nueva baja dentro de los 180 días tras la denegación, el proceso no puede reanudarse.
- Reconocimiento de jubilación: cuando se concede la pensión de jubilación, el subsidio se extingue.
- Fallecimiento de la persona trabajadora.

7.4.3. SUBSIDIO POR NACIMIENTO Y CUIDADO DE MENOR

Regulado en los arts. 177 a 183 TRLGSS. De conformidad con el art. 177.1 TRLGSS, se entiende por situación protegida: «*el nacimiento, la adopción, la guarda con fines de adopción y el acogimiento familiar, de conformidad con el Código Civil o las leyes civiles de las comunidades autónomas que lo regulen (…)*». Estas situaciones deben dar lugar a la suspensión del contrato o interrupción de la actividad en los términos previstos en el art. 48.4, 5 y 6 ET y art. 49.a), b) y c) del EBEP. Como precisión, destacar que el art.177, ha sido declarado inconstitucional sin llevar aparejada la nulidad por la siguiente sentencia[98].

> **STC núm. 140/2024, de 6 de diciembre: permiso por nacimiento en familias monoparentales e inconstitucionalidad por omisión del legislador.**
>
> En esta sentencia se analiza si es constitucional que una madre trabajadora de una familia monoparental no pueda disfrutar del permiso por nacimiento completo que correspondería a dos progenitores (32 semanas), al no estar previsto en la legislación. Se impugnan los arts. 48.4, 48.5 y 48.6 ET y el art. 177 TRLGSS, por no prever la posibilidad de que, en familias monoparentales, el único progenitor pueda acumular el permiso del otro, inexistente en este caso. El Tribunal considera que esta omisión vulnera el derecho a la igualdad (art. 14 CE) y el deber de protección a la familia y la infancia (art. 39 CE).
>
> El Tribunal declara la inconstitucionalidad por omisión (no lleva aparejada la nulidad del artículo cuestionado), instando al legislador a reformar la normativa para evitar la discriminación de las familias monoparentales frente a las biparentales en el disfrute del permiso por nacimiento.

El subsidio por nacimiento y cuidado del menor es igualmente accesible a las personas trabajadoras con contrato a tiempo parcial, en virtud del mismo régimen jurídico aplicable a los contratos a jornada completa. La naturaleza parcial de la jornada no afecta al reconocimiento del derecho, aunque sí incide en la determinación de la base reguladora, calculada a partir de la base de cotización individual.

---

[98] Criterio de gestión del INSS 20/2024, de 18 de diciembre de 2024.

Conforme al art. 178 TRLGSS, podrán acceder al subsidio aquellas personas trabajadoras por cuenta ajena o propia que cumplan los siguientes requisitos:

Se encuentren afiliadas y en alta o en situación asimilada al alta en el momento del hecho causante.

Acrediten un periodo mínimo de cotización, determinado en función de la edad de la persona beneficiaria:

- Menores de 21 años: no se exige periodo previo de cotización.
- Entre 21 y 25 años: 90 días dentro de los 7 años inmediatamente anteriores al inicio del descanso, o 180 días cotizados a lo largo de su vida laboral.
- 26 años o más: 180 días dentro de los 7 años inmediatamente anteriores, o 360 días cotizados a lo largo de la vida laboral.

El derecho al subsidio por nacimiento y cuidado del menor se reconoce desde el inicio del periodo de descanso laboral correspondiente, que podrá comenzar:

En el caso del parto: desde la fecha del parto, o desde la fecha de inicio del descanso si esta es anterior al parto, de acuerdo con lo previsto en el art. 48.4 ET. En caso de que la madre biológica se encuentre en situación de IT inmediatamente anterior al parto, el inicio del subsidio se producirá, en la fecha efectiva del parto, extinguiéndose desde ese momento la situación de IT.

En caso de adopción, guarda con fines de adopción o acogimiento: el derecho al subsidio se reconocerá: desde la fecha de la resolución judicial que constituya la adopción, o desde la fecha de la decisión administrativa de guarda con fines de adopción o de acogimiento familiar, según proceda. En los supuestos de adopción internacional, cuando sea necesario el desplazamiento previo al país de origen del menor, se podrá anticipar el inicio del subsidio hasta un máximo de 4 semanas antes de la resolución judicial de constitución de la adopción. Esta previsión se recoge en el párrafo tercero del art. 48.5 ET.

La duración del subsidio será equivalente al periodo de descanso o permiso efectivamente disfrutado, de acuerdo con lo establecido en los arts. 48.4, 48.5 y 48.6 ET y en el art. 49 a), b) y c) EBEP.

> Con **carácter general cada progenitor/a tiene derecho a 19 semanas ininterrumpidas,** de las cuales[99]:
> En el supuesto de monoparentalidad, el periodo será de 32 semanas.
> - 6 semanas deben disfrutarse obligatoriamente tras el nacimiento, adopción o acogida, a jornada completa y de forma ininterrumpida.
> - 11 semanas (22 en caso de monoparentalidad) restantes pueden disfrutarse de forma interrumpida o acumulada, dentro de los 12 meses siguientes al hecho causante.
> - 2 semanas (4 en caso de monoparentalidad) hasta los 8 años del hijo/a.

El art. 248.1 b) TRLGSS establece el método de cálculo de la BR en los contratos a tiempo parcial. En concreto dispone lo siguiente: «*La base reguladora diaria de la prestación por nacimiento y cuidado de menor será el resultado de dividir entre trescientos sesenta y cinco la suma de las bases de cotización acreditadas en la empresa en los doce meses naturales inmediatamente anteriores al mes previo al del hecho causante*».

Asimismo, el precepto estipula que: «*Si las bases de cotización acreditadas en la empresa con anterioridad al mes previo al del hecho causante se refieren a un periodo inferior a doce meses, la base reguladora diaria será el resultado de dividir la suma de las bases cotizadas acreditadas entre el número de días naturales a que esas cotizaciones correspondan*».

En los casos en que la persona trabajadora haya ingresado en la empresa durante el mes anterior al del hecho causante o en el mismo mes de éste, para el cálculo de la base reguladora se aplicaran las reglas específicas previstas en los párrafos primero y segundo del art. 179.2 TRLGSS. Además, la norma señala que, conforme al art. 179.3 TRLGSS, la prestación podrá ser reconocida provisionalmente por el INSS, a expensas de la regularización posterior de las bases de cotización.

En resumen, el cálculo de la BR varía en función del tipo de jornada de la persona trabajadora, diferenciándose entre jornada parcial y jornada completa:

Persona trabajadora a jornada parcial: la base reguladora se calcula conforme a lo establecido en el art. 248.1.b) TRLGSS. Para ello, se toman las bases de cotización correspondientes a los 12 meses naturales inmediatamente anteriores al mes previo al del hecho causante, y se dividen entre 365 días.

---

[99] Real Decreto Ley 9/2025, de 29 de julio, por el que se amplía el permiso de nacimiento y cuidado, mediante la modificación del texto refundido de la Ley del Estatuto de los Trabajadores, aprobado

Persona trabajadora a jornada completa: según lo establecido en el art. 179.1 TRLGSS, se utiliza la base de cotización por contingencias comunes del mes inmediatamente anterior al mes previo al del hecho causante, dividiéndola entre el número de días a que dicha cotización se refiera (normalmente 30 días si es mensual).

Es decir, en el supuesto de las personas trabajadoras con contratos de trabajo a tiempo parcial, la base reguladora se calcula utilizando las bases de cotización de los 12 meses naturales inmediatamente anteriores al mes previo al del hecho causante entre 365 días conforme al art. 248.1.b) TRLGSS. En el caso de aquellas personas que trabajen a jornada completa, conforme a lo establecido en el art. 179 TRLGSS, se tiene en cuenta la base de cotización por contingencias comunes del mes inmediatamente anterior al mes previo al del hecho causante, dividida entre el número de días a que dicha cotización se refiera.

Supuesto práctico:

Una pareja de dos mujeres trabajadoras en la misma empresa. Una de ellas es la **madre biológica,** con un contrato a **tiempo parcial al 60 %, y la otra es la** madre adoptante, con un contrato a **jornada completa.**

Solución:

Madre biológica (trabajadora jornada parcial al 60 %) – Art. 248.1. b) TRLGSS.

• Su base de cotización mensual por contingencias comunes es de **900 €.**

• La suma de las bases de los 12 meses anteriores es:
900 × 12 = 10.800 €

por el Real Decreto Legislativo 2/2015, de 23 de octubre, el texto refundido de la Ley del Estatuto Básico del Empleado Público, aprobado por el Real Decreto Legislativo 5/2015, de 30 de octubre, y el texto refundido de la Ley General de la Seguridad Social, aprobado por el Real Decreto Legislativo 8/2015, de 30 de octubre, para completar la transposición de la Directiva (UE) 2019/1158 del Parlamento Europeo y del Consejo, de 20 de junio de 2019, relativa a la conciliación de la vida familiar y la vida profesional de los progenitores y los cuidadores, y por la que se deroga la Directiva 2010/18/UE del Consejo.

• La **base reguladora diaria** es:
10.800 / 365 = 29,59 €

• El subsidio, al ser del **100 % de la base reguladora,** será de:
29,59 € diarios × 112 días (16 semanas) = 3.312,08 €

Madre adoptante (trabajadora a jornada completa) – Art. 179.1 TRLGSS.

• Su base de cotización por contingencias comunes en el mes inmediatamente anterior al mes previo al del hecho causante es de 1.500 €.

• Esa base se divide entre los días que cubre esa cotización (normalmente 30 días si es mensual):
1.500 / 30 = 50,00 €

• El subsidio será:
50,00 € × 112 días = 5.600,00 €

Ambas disfrutan de la **misma duración del permiso** (16 semanas) y del **100 % de su base reguladora,** pero la cuantía de la prestación varía en función de lo cotizado, sin que la jornada parcial reduzca el derecho, solo el importe.

Extinción del subsidio

El derecho al subsidio por nacimiento y cuidado del menor se extinguirá en los supuestos legalmente previstos, en particular, por las siguientes causas:

■ Por el transcurso del plazo máximo de duración del periodo de descanso legalmente establecido.
■ Por reincorporación voluntaria al trabajo del beneficiario/a antes de la finalización del periodo de suspensión inicialmente solicitado.
■ Por fallecimiento de la persona beneficiaria.
■ Por adquisición, por parte del beneficiario/a, de la condición de pensionista de jubilación o de incapacidad permanente.